ZHONGGUO MAOYI MOSHI DE TEZHENG JI ZHUANXING YANJIU

中国贸易模式的特征及转型研究

——基于环境要素定价的视角

唐杰英◎著

上海社会科学院出版社
SHANGHAI ACADEMY OF SOCIAL SCIENCES PRESS

目 录

第一章
中国贸易发展的环境影响

中国的环境治理随着经济、贸易的快速发展而不断深化。在污染事件频出的背景下，中国开始重视环境保护，强化环境立法，建立并完善环境政策体系。同时，中国作为国际碳排放大国，面临的国际压力不断增加，在做出减排承诺的同时，必须约束国内经济低碳发展。

一、中国环境政策体系的建立及完善

随着经济尤其是工业的快速发展以及贸易规模的快速扩大，环境压力不断增加，中国越来越重视环境保护，逐步建立起一套较为完善的环境政策体系。

(一) 起步阶段:20 世纪 70 年代

在 20 世纪 70 年代初期，中国长期积累的环境问题开始逐渐显现，发生了松花江汞污染、官厅水库污染等影响重大的污染事件，环境问题引起了社会的广泛关注。1973 年，第一次环境保护大会审议通过《关于保护和改善环境的若干规定》，首次提出针对环境保护"三同时"制度，是中国第一个有关环境保护的规范性文件。1979 年，《中国环境保护法》开始试行，这是中国的第一部环境保护基本法，其用法律的形式明确规定了环境保护的目标、方针和政策。在这一阶段，中国开始关注"工业三废"的环境危害，初步建立了针对"工业三废"治理的环境影响评估制度、排污收费制度和"三同时"制度。

(二) 形成阶段:20 世纪 80 年代

中国分别在 1982 年、1984 年和 1987 年颁布了《中国海洋环境保护法》《中国水污染防治法》和《中国大气污染防治法》，强化对海洋污染、水体污染和大气污染的控制和治理，保护生态环境，改善环境条件，保障公众健康。1989 年，《中国环境保护法》正式颁布实施，以立法的形式明确保护环境是国家的基本国策。1982 年成立隶属建设部的环保局,1984 年环保局更名为国家环保局,并在 1988 年成为国务院直属机构,以加强全国环境保护的规划和监督管理。

在这一阶段,法律框架体系不断完善,形成了环境治理三大原则,即“强化环境管理,预防为主、防治结合,谁污染、谁治理”,并根据这三大原则,建立了针对环境治理和污染控制的五项可量化评估制度,即“环境保护目标责任制”“城市环境综合整治定量考核制度”“排污许可证制度”“污染集中控制制度”以及“限期治理制度”。

(三) 战略转变阶段:20 世纪 90 年代

1991 年,中国发布《中国环境与发展报告》,并在 1992 年作为正式文件提交“联合国环境与发展会议(UNCED)”,向国际社会表明中国在可持续发展方面的基本立场和观点。同年颁布对中国环境与发展具有纲领性作用的《环境与发展十大对策》。在 1994 年发布《中国 21 世纪议程》,把可持续发展的原则贯穿到经济、社会的各个领域,并明确 21 世纪可持续发展的主要目标。1996 年,中国开始实施《中国固体废物污染环境防治法》,强化对固体废物污染治理和控制,维护生态安全。1998 年开始正式实施《中国节约能源法》,提高能耗效率,引导民众节能减排。1996 年,中国将污染控制及生态环境保护纳入发展规划,颁布《国民经济与社会发展“九五”计划和 2010 年远景目标纲要》,明确污染控制和生态保护的主要目标,提出到 2000 年环境污染和生态破坏加剧的趋势得到基本控制,使部分地区的环境质量有所改善;到 2010 年生态环境恶化的趋势得到基本改变,城乡环境条件有比较明显的改善。1998 年,中国为了控制二氧化硫排放,批准设立“酸雨控制区”和“二氧化硫控制区”(即“两控区”)。“两控区”涉及 27 个省、自治区、直辖市(简称省份)的 175 个城市、地区,总体面积约为 109 万平方千米。在主管部门方面,国家环境保护局在 1998 年正式升格为正部级国家环境保护总局,并将核能纳入其管辖,下设国家核安全局。

在这一阶段,中国环境保护的理念出现明显调整,以可持续发展为目的解决经济增长与环境污染的矛盾。同时,工业污染的控制和治理出现重大战略调整,开始逐步从以企业为主要对象的污染控制向调整产业结构、经济增长与环境保护双赢的清洁生产和循环经济发展转变,更加重视源头治理及全过程控制,采取总量和浓度控制相结合的方式,从针对污染源的点源治理向区域性的综合治理转变。在此基础上，通过环保整治的方式，集中地淘汰、关闭一批低效率、高污染的企业，从根本上控制污染来源。在“九五”规划期间，超过 8 万家污染严重的小企业被取缔、关闭。[①]

(四) 综合治理阶段:21 世纪至今

2003 年 1 月 1 日，中国开始实施《中国清洁生产促进法》，强调通过促进生产方式转变来控制工业污染。同年颁布《中国环境影响评估法》，首次提出环境影响评价制度体系，通过客观评估环境影响，保障经济与环境的可持续协调发展。2005 年，中国颁布了《关于加快发展循环经济的若干意见》，目的在于通过循环经济发展模式来控制经济发展的环境影响，提出发展循环经济的基本原则、主要目标及保障措施。在 2007 年、2008 年、2009 年分别修订通过《节约能源法》《循环经济促进法》和《大气污染防治法》，进一步推动经济发展模式转变，控制环境污染。2010 年 3 月开始正式实施《环境行政处罚办法》，为环境主管部门进行环境行政处罚提供法律依据。金融危机后，随着国际减排压力的不断提高，中国作为负责任大国，将减排目标纳入五年规划。中国“十二五”规划明确规定，单位国内生产总值 2015 年的碳排放量比 2010 年下降 17%，这一目标已经实现。

2013 年，中国颁布《大气污染防治行动计划》，明确到 2017 年，全国地级及以上城市可吸入颗粒物浓度比 2012 年降低 10%以上。2015 年，颁布《水污染防治行动计划》，提出“到 2020 年，全国水环境质量得到阶段性改善，污染严重的水体较大幅度地减少；到 2030 年，力争全国水体环境质量总体改善，水生态系统功能得到初步恢复”。2016 年，中国颁发《土壤污染防治行动计划》，提出：到 2020 年，全国土壤污染加剧的趋势得到初步遏制；到 2030 年，土壤环境质量稳中向好；21 世纪中叶，土壤环境质量得到全面改善，生态系统实现良性循环。2017 年 12 月，颁布《生态环境损害赔偿制度改革方案》，提出“环境有价，损害担责”的原则，并从 2018 年 1 月开始在全国试行生态环境损害赔偿制度，探索建立、完善生态环境损害修复及赔偿制度。2018 年 1 月 1 日，《中国环境保护税法》开始实施，以征税的方式约束超标违规排放等行为。

在这一阶段，中国环境治理和污染控制的制度体系进一步完善，环境治

---

① 数据来源：中国国务院新闻办，《中国的环境保护(1996—2005)》，2006 年，http://www.gov.cn/zwgk/2006-06/05/content_300288.htm。

理的理念从污染控制向清洁生产、循环经济、低碳发展等转变经济发展模式、降低环境影响的方向努力，治理的手段也从原来的以强制执行为主向以经济激励为主转变。同时，中国根据经济发展的轨迹和环境污染的现实，提出环境保护的短期规划和长期目标，并根据国际社会的减排目标，提出中国的减排承诺，制订减排行动计划，并将其具体化到"五年"规划等经济发展规划中。

二、中国的经济结构及环境影响

中国经济快速发展，但由于经济及能源消费的结构特征，经济发展带来严峻的环境影响。

（一）经济的结构特征及环境影响

改革开放以来，中国经济快速发展，但由于中国的经济结构及能源消费结构特征，环境条件随着经济、贸易的发展日益恶化。

在 1979 年至 2017 年期间，中国名义 GDP 的年均增长速度达到 14.9%，对外贸易的增长速度更快，出口贸易和进口贸易的年均增长速度分别达到 19.1%和 18.1%。与此同时，能源消费也以较快的速度增长，年均达到 5.4%。按标准煤来计算，2017 年中国能源消费规模达到 44.9 亿吨。从经济结构来看，能耗及污染程度较高的工业在中国经济中所占比例较高，工业增加值在国内生产总值中所占的比例均超过 35%。

中国环境污染最主要的来源是工业经济部门。2015 年，全国废水的排放总量达到 735.3 亿吨，其中，工业废水排放量为 199.5 亿吨，与其他污染物相比，所占比例相对较低；二氧化硫的排放量达到 1 859.1 万吨，其中，工业二氧化硫的排放量为 1 556.7 万吨，占排放总量的比例超过 80%；氮氧化物排放量 1 851.9 万吨，其中，工业氮氧化物排放量为 1 180.9 万吨；烟尘排放量 1 538.0 万吨，其中，工业烟尘排放量为 1 232.6 万吨，占排放总量的比例也超过 80%。一般工业固体废物的产生量达到 32.7 亿吨，综合利用率仅为 60.3%；工业危险废物的产生量达到 3 976.1 万吨，综合利用处置比率仅为 79.9%。[①]从能源消费结构来看，中国的能源消费以煤炭为主，煤炭消费量占能源消费总量的

① 数据来源：中国生态环境部，《全国环境统计公报（2015 年）》，http://www.mee.gov.cn/gzfw_13107/hjtj/qghjtjgb/201702/t20170223_397419.shtml。

比例均高于60%，最高达到76%(参考表1-1)。煤炭对环境的影响最为严重，是二氧化硫最主要的排放来源，而二氧化硫是形成酸雨的主要因素，其转化生成的颗粒物也被认为是中国雾霾的主要成因之一。

中国环保规制不断完善，治理的技术水平及力度不断提高，环境条件出现向好趋势，但是在累积效应下，环境污染情况仍然严峻。2016年，全国CO_2平均浓度为404.4 ppm，比中国的常年平均水平高12.69 ppm，比全球的平均水平高1.1 ppm。2017年，全国70.7%城市的空气质量超标；在全国463个监测降水的城市中，36.1%的城市出现酸雨，同比下降2.7个百分点。在全国5 100个地下水监测点中，超过60%的监测点的水质评估结果为差，其中，评估结果为极差和较差的监测点所占的比例分别达到14.8%和51.8%。

表1-1　中国经济、贸易的发展及能源消费的变化

年度	GDP（亿元）	工业占比（%）	出口额（亿元）	进口额（亿元）	能源消费（万吨标准煤）	煤炭占比（%）
1978	3 678.7	44.1	167.6	187.4	57 144	70.7
1980	4 587.6	43.9	271.2	298.8	60 275	72.2
1985	9 098.9	38.2	808.9	1 257.8	76 682	75.8
1990	18 872.9	36.6	2 985.8	2 574.3	98 703	76.2
1995	61 339.9	40.8	12 451.8	11 048.1	131 176	74.6
2000	100 280.1	40.1	20 634.4	18 638.8	146 964	68.5
2005	187 318.9	41.6	62 648.1	54 273.7	261 369	72.4
2010	413 030.3	40.0	107 022.8	94 699.3	360 648	69.2
2011	489 300.6	39.9	123 240.6	113 161.4	387 043	70.2
2012	540 367.4	38.7	129 359.3	114 801.0	402 138	68.5
2013	595 244.4	37.4	137 131.4	121 037.5	416 913	67.4
2014	643 974.0	36.3	143 883.8	120 358	425 806	65.6
2015	689 052.1	34.3	141 166.8	104 336.1	429 905	63.7
2016	743 585.5	33.3	138 419.3	104 967.2	435 819	62.0
2017	827 121.7	33.9	153 311	124 789.8	449 000	60.4
年均增长率（百分比）	14.9	—	19.1	18.1	5.4	—

• 注：GDP按当年价格计算。
数据来源：中国统计局网站，2017年《中国统计年鉴》，http://www.stats.gov.cn/tjsj/ndsj/2015/indexch.htm。

(二) 环境污染的经济损失

环境污染带来巨大的损失，严重影响经济发展的可持续性。张晓(1999)

经量化分析指出,中国二十世纪八十年代以来,经济增长带来的环境成本大约占 GDP 的 3%—8%,如果累加考虑生态破坏及其引发的水灾、旱灾等灾害损失,大约占当年 GDP 的 8%—13%。中国国家环保总局和国家统计局在 2006 年首次联合发布考虑环境影响的 GDP 核算报告《中国绿色国民经济核算研究报告 2004》。报告经量化测算指出,中国仅在 2004 年一年由于环境污染造成的经济损失就高达 5 118 亿元,占当年 GDP 总量的 3.05%。从不同污染物的环境影响来看,首先,水体污染带来的经济损失最高,占总体损失的 55.9%;其次,大气污染,占总体损失的 42.9%;再次,是固体废物及其引发的污染事故,造成的经济损失占总体损失的 1.2%。在现有的污染治理技术水平下,如果要全部处理 2004 年污染源排放到环境中的污染物,所需要的一次性直接投资约占当年 GDP 的 6.8%。另外,每年需花费的环境治理运行成本约占当年 GDP 的 1.8%。这意味着如果考虑经济发展的环境成本以及污染治理投资及运营成本,则经济发展带来的实际财富效应非常低,甚至可能为负。经济发展带来的生态环境影响具有显著的区域性特征,生态环境影响在西部地区主要表现为生态破坏损失,其生态破坏损失约占全国生态破坏损失的 55%,在东部地区则主要表现为环境退化,其环境退化损失约占全国环境退化损失的 53%。世界银行 2007 年发布的《中国环境污染损失》指出,中国每年因污染导致的经济损失高达 1 000 亿美元,占 GDP 的 5.8%。徐娟等(2016)构建模型测度经济增长的环境成本和国民健康问题发现,在 2003—2011 年,中国经济增长的环境成本占 GDP 的比例从 16.26%增加到 25.15%,约为同期日本的 4 倍。Wang 等(2017)利用中国数据研究指出,2007 年,50%—60%的空气污染物排放来自本省生产但非在本省消费(包括出口)的产品及服务,其中 19%的污染源自国际贸易引起的空气污染。

三、中国的国际减排压力

中国在经济、贸易快速发展的同时,能源消耗总量不断增加,碳排放规模日益扩大。2009 年,中国的 CO_2 排放达 68.77 亿吨,成为全球最大的碳排放国;2016 年,中国的 CO_2 排放规模进一步扩大,达到 91.02 亿吨。在国际社会对温室气体排放、气候问题关注程度不断提高的背景下,中国作为全球最大的排放国所面临的国际减排压力日益增加。

（一）国际减排制度框架

1. 国际公约框架下的温室气体排放约束目标——《联合国关于气候变化框架公约》（UNFCCC）

联合国在1992年召开以“环境与发展”（UNCED）为主题的全球气候大会，会议通过了对环境保护及温室气体排放影响深远的有关环境与发展的文件，例如保护环境的《里约热内卢宣言》、协同应对全球气候变化的《联合国关于气候变化框架公约》等。《联合国关于气候变化框架公约》是具有150多个国家签署的联合国文件，其目标是“稳定大气层中的温室气体排放总量，并防止人类活动对整个气候体系的威胁”。大会考虑到各国经济发展水平的差异，指出发达国家应当率先减少对温室气体的排放，并要求各国政府自愿制定减排标准，且须定期向联合国提供本国温室气体排放现状以及未来减排或排放规划。这次大会确立了在国际公约框架下，各国应当努力实现自己规定的“减排”目标。中国在1992年签署并在1993年批准了此公约，是较早批准此公约的国家。

2. 首次量化约束工业化国家控制温室气体排放——《京都议定书》

1997年12月，《联合国气候变化框架公约》缔约方第三次会议在日本京都召开，根据缔约方在1995年达成的共识，即“为尽快达成具有法律约束的协议而展开谈判，其中包括限定工业化国家必须遵守的气体排放量”，制定了《京都议定书》。《京都议定书》是第一个明确限制工业化国家减少温室气体排放的国际协议，在人类应对气候变化上具有里程碑的意义，其核心目标是“稳定并重新治理大气层中温室效应，减少对气候体系的人为破坏”。中国在1998年签署并在2002年核准此议定书。

3. 开启发达国家的强制减排义务——《京都议定书》正式生效

2005年2月16日，《京都议定书》满足“不少于55个参与国签署该条约，且温室气体排放量达到附件所规定国家1990年总排放量55%后的第90天”的条件，这个世界上首个具有强制约束力的国际减排协议开始正式生效。《京都议定书》基于对发展中国家发展需求的考虑，在“共同但有区别的责任”原则的基础上，建立了“国际排放交换”“清洁发展机制”和“联合执行”三个灵活机制，明确主要发达国家应在2008—2012年承诺期内使温室气体的全部排放量在1990年的规模上至少缩减5%,而发展中国家在第一承诺期内不负有强制减排的义务。

4. 预期目标落空的过渡方案——《哥本哈根协议》

2009年12月,联合国气候变化大会在哥本哈根召开,其主要目的是为了签署《京都议定书》第一承诺期到期后的后续减排协议,协调全球行动以应对未来气候变化。但是发达国家与发展中国家存在巨大的分歧,减排责任、资金与技术支持、监督机制等,成为这次会议争论的中心。在"共同但有区别的责任"原则方面,发展中国家强调"有区别的责任",而发达国家则主张"共同的责任",在温室气体排放数据的引用方面;发展中国家认为应当重点考量历史的、人均的排放量,而发达国家则认为需要综合考虑目前的、未来的和国家总体的排放规模。在会议结束之前,最大的发展中国家中国和最大的发达国家美国各自作了一些让步:美国不再要求中国承担强制性的减排义务,但要求中国作出的自主减排承诺必须"可测量、可报告、可核实";中国同意进一步完善本国内部的报告系统,加强透明与公开。这次会议经过艰难谈判最后达成的《哥本哈根协议》不具法律约束力,但对后续的谈判及协议达成具有积极意义。协议就全球性的长期减排目标、资金及技术支持、透明度等核心问题达成共识,明确"共同但有区别的责任"原则下发达国家的强制减排义务和发展中国家的自主减排行动。

5. 具有约束力的第二份温室气体减排协议——《巴黎协定》

2015年12月,《联合国气候变化框架公约》缔约方在巴黎气候大会上达成《巴黎协定》。这是继《京都议定书》之后达成的第二份具有法律约束力的减排协议,对2020年后全球应对气候变化的行动做出规划,从而形成全球气候治理格局,被认为是经济发展水平不同的国家应对气候变化问题的共同意愿与协作成果。《巴黎协定》指出,各缔约方将加强协作,应对全球气候变化带来的威胁,努力把全球平均气温的升高控制在工业化之前水平的2摄氏度以内,并把升温控制在1.5℃以内作为力争实现的目标,促使全球温室气体排放规模尽快达到峰值、出现拐点,并力争在21世纪下半叶实现温室气体净排放为零。《巴黎协定》首次在全球温室气体排放领域建立了"只进不退"的棘轮锁定(Ratchet)机制、各国必须在不断进步的基础上提出的行动目标、定期评估的约束机制,从2023年开始每5年对各国减排行动的实际效果进行量化评估,帮助各国有效推进减排措施、促进国际合作,在全球范围内实现应对气候变化的长期目标。2016年10月5日,《巴黎协定》达到生效所需要的两个门槛条件,从 2016 年 11 月 4 日开始生效,正式成为第二份约束全球温室气体排放的国际协议。

(二) 中国的减排承诺

1. 中国制定到 2010 年的 GDP 排放密度缩减目标

中国在《京都议定书》第一承诺期不承担减排任务,但随着人均排放优势的逐渐丧失,面临的减排压力不断增加,倒逼国内减排规制趋于强化。2003 年,中国制定了《中国 21 世纪初可持续发展行动纲要》,表明中国在减少排放方面的态度,明确中国 21 世纪在生态保护、环境保护与污染防治方面的可持续发展目标及保障措施。2007 年,中国发布《中国应对气候变化国家方案》,指出中国需要充分发挥以市场为基础的节能激励机制,转变经济增长模式,促进资源节约型经济、社会建设,努力减少温室气体排放,明确到 2010 年实现单位 GDP 的能源消耗比 2005 年的水平降低 20%左右的目标,减缓 CO_2 排放规模扩大的速度。中国是最早制定并实施《应对气候变化国家方案》、控制碳排放规模的发展中国家。

2. 中国向国际社会承诺到 2020 年的减排目标

中国 2016 年批准加入《巴黎协定》,并做出承诺,到 2020 年,单位 GDP 的 CO_2 排放量比 2005 年的水平下降 40%—45%,在一次能源消费中非化石能源所占的比例约为 15%,森林面积比 2005 年的规模增加 4 000 万公顷,蓄积量比 2005 年增加 13 亿立方米。中国同时明确 2030 年的自主行动目标,CO_2 排放规模在 2030 年左右达到峰值,并争取提早实现。到 2030 年,排放控制方面,CO_2 排放密度比 2005 年的水平下降 60%—65%;在能源消费结构的一次能源消费方面,非化石能源所占的比例提高至 20%左右;在碳的绿化吸收方面,森林蓄积量在 2005 年的基础上增加 45 亿立方米。截至 2017 年底,中国 CO_2 排放密度和森林的蓄积量均已超额完成承诺的目标,CO_2 排放密度比 2005 年的水平下降了 46%,森林的蓄积量增加了 21 亿立方米;一次能源消费中可再生能源所占的比例为 13.8%,与承诺的 15%的目标尚有一定距离。

(三) 低碳经济下的碳关税压力

在国际社会对气候变化的关注程度不断提高,并开始约束温室气体排放的背景下,低碳经济模式作为金融危机后协调经济发展和应对气候变化的重要路径,已经得到主要经济体的普遍认同。发达国家经过多年的技术投入,在新能源、节能减排技术等方面与发展中国家相比具有明显优势,低碳经济模式成为危机后发达国家在全球范围构筑贸易规则和新一轮产业、技术竞争格局,重振本国经济的希望所在。发达国家通过征收碳税或其他措施,在促使国内企业节能减排、引导经济低碳发展的同时,推动减排义务向国际贸易领域扩展,主张对从减排标准低的国家进口的产品征收“碳关税”。美国2009年通过的《美国清洁能源法案》明确规定,美国有权对从不实施温室气体排放控制的经济体进口的高排放产品征收碳关税,以平衡其产品的价格竞争力。2008年11月,欧盟决定将国际航空排放纳入其碳排放交易系统,并从2012年1月1日开始实施。这意味着从2012年1月1日起,所有在欧盟境内飞行的航空器的碳排放量都将受到限制,且必须对超出部分支付相应对价。这反映了发达国家在航空领域以低碳为名的控制权博弈与争夺。欧洲政策研究中心,一家欧盟重要的智囊机构在其2009年12月的报告中提出建议,“欧盟应当考虑对从没有采取合理减排措施的经济体进口的商品征收碳关税”。

实际上,发达国家的国民经济中排放密度较高的制造业所占的比例较低,而排放密集型产业在制造业中所占的比例也较低,减排措施对其经济发展的影响有限。Trevor Houser 在2009年4月指出,《美国清洁能源安全法案》生效后,美国的竞争力受到影响的仅仅是对国际贸易依赖程度较高、碳排放密度较高的少数产业,它们仅占美国总就业的0.3%和总产出的1.4%,这些受影响的产业可以在碳排放权交易机制下以排放配额免费分配等措施来进行补偿,而不需要实施碳关税等进口限制措施。类似地,在英国,碳排放权交易机制只对小部分高排放行业(水泥、钢铁、铝、化学物品、炼油等)的竞争具有潜在影响,而英国经济以第三产业为主,这些高排放行业在国民生产总值与就业中所占比例低,受到的影响有限。

因此,碳关税本质上是在气候变化引发国际社会高度关注背景下,发达经济体试图通过重建贸易规则,构筑其新能源、新技术领域的竞争格局的重要手段。虽然,欧美等经济体没有马上将“碳关税”付诸实施,但从长远来看,发达经济体将推行更加严格的减排标准,并将利用其优势,制定“碳关税”等低碳经济规则,来保障其产业、产品的国际竞争力。而中国作为一个环境标准相对较低、经济发展高度依赖贸易的发展中国家,碳关税是其经济、贸易发展中所要面临的潜在影响深刻的不确定因素,碳关税的推行可能降低中国贸易竞争力,改变中国的经济发展轨迹。

四、结论性评述

本章在分阶段厘清中国环境治理规范的建设及各阶段环境治理主要特征的基础上，分析中国经济、贸易发展的环境影响、环境成本以及中国作为排放大国，在国际减排压力下的减排承诺和制度安排。

中国工业经济部门是环境污染最主要的来源，也是导致环境污染加剧的重要原因，而以煤炭为主的能源消费结构又进一步加剧了污染程度。多年以来，中国环境保护制度不断完善，环境治理力度不断提高，环境污染日益恶化的趋势有所缓和，但在累积效应下，环境条件仍然严峻。环境污染带来巨大效益损失，严重影响经济发展的可持续性。

中国 2009 年超过美国成为全球最大的碳排放国，在国际减排压力下，不断强化国内减排制度安排，实现减排承诺。而发达国家不仅通过国际制度安排，控制全球排放规模的增长，并推动减排约束向贸易领域扩展，碳关税可能成为新的贸易壁垒。中国作为一个环境标准相对较低、经济发展高度依赖贸易的发展中国家，碳关税是贸易发展所要面临的巨大不确定因素。

第二章
理论基础及研究框架

早期有关环境和经济相互影响的研究主要集中在经济发展对环境的影响机制方面，而随着经济全球化的推进，研究的重点开始转向环境规制对产业转移、国际贸易的影响。随着工业化发展，环境资源的稀缺性不断凸显，从可以随意消耗的自然资源转变成一种需要支付对价的新的生产要素。环境作为一种生产要素，其定价机制及价格均影响产业转移、贸易结构及模式。

一、“环境库兹涅茨曲线(EKC)”及实证检验

“环境库兹涅茨曲线”有严谨的理论逻辑，对其实证检验所得的结论有所不同。

(一)“环境库兹涅茨曲线”的内在机制

“环境库兹涅茨曲线”是“库兹涅茨曲线”在环境领域的拓展，指的是一个国家的环境条件随着其经济发展水平的提高而呈现先恶化再改善的“U”形变化趋势。世界银行在其1992年发布的《世界发展报告》中明确了“环境库兹涅茨曲线”的内在含义，认为在技术条件、偏好以及环境治理投资不变的条件下，经济的增长伴随着环境污染的加剧，但是随着人均收入的提高，人们开始关注并致力于解决环境污染问题，环境条件得以改善。Grossman and Krueger(1992)首次从供给层面对“环境库兹涅茨曲线”的内在机制做出解释，认为经济增长会对环境产生三个维度的影响：规模效应、技术效应以及结构效应。经济增长的规模效应会导致环境污染加剧，而技术效应和结构效应则会改善环境条件，“环境库兹涅茨曲线”是经济增长的三种环境效应共同作用的结果。Lopez(1994)从需求角度解释经济发展对环境的“倒U”形影响，他认为在经济发展水平较低时，人们的收入被全部用来满足生存需求，环境质量对其效用几乎没有影响。而随着收入水平的提高，高质量的环境成为一种奢侈品，人们愿意支付更高的对价来获得高质量的环境。Panayotou et al.

(2000)认为经济从农业主导、工业主导到服务主导的结构变化是经济发展对环境的“倒 U”形影响的主要原因。

(二)“环境库兹涅茨曲线”的实证检验

相关实证研究在不同的理论分析框架、不同的数据样本以及不同的实证方法下广泛展开,一些研究验证了“环境库兹涅茨曲线”的存在。Grossman and Krueger(1992)利用 42 个国家的面板数据,通过实证分析首次发现经济增长与污染程度呈现“倒 U”形变化趋势,证实了“环境库兹涅茨曲线”的存在。他们进一步分析墨西哥与美国的环境规制差异对投资、贸易的影响后指出,墨西哥所谓的基于宽松环境规制的竞争优势对其与美国之间的投资、贸易并没有实际的促进作用。Panayoutou(1993)利用发达国家和发展中国家跨部门数据分析验证了经济增长与环境恶化之间“倒 U”形的关系,发现“环境库兹涅茨曲线”的拐点出现在人均收入 1 000—3 000 美元,在人均低于 1 000 美元的收入区间,经济增长会恶化环境条件,并指出发展中国家可以通过消除政策扭曲、内部化环境成本和明确界定自然资源的产权来平缓化“环境库兹涅茨曲线”。Selden and Song(1994)利用多国面板数据分析经济增长与四种污染物的关系,得出经济增长与环境污染之间确实存在“倒 U”形关系的结论。Giles and Mosk(2003)利用新西兰 1895 年至 1996 年的长时间序列数据,首次证实了甲烷这种污染物排放与经济增长之间的“倒 U”形关系。Saboori et al.(2012)利用马来西亚的时间序列数据,分析经济增长与 CO_2 排放的关系指出,经济增长对 CO_2 排放在长期和短期上均存在“倒 U”形的影响。Anastacio(2017)利用美国、加拿大、墨西哥 1980 年至 2008 年的数据实证分析发现经济增长与环境污染之间存在“倒 U”形关系。

也有一些研究没有发现支持“环境库兹涅茨曲线”的证据。Stern(1998)认为有关支持 EKC 的证据仅存在于某些特定的污染物。Stern, Auld, Common and Sanyal(1998)分析指出硫排放在所有收入区间均呈递增趋势。De Bruynet al.(1998)利用美国、英国、德国、荷兰的数据分析发现经济增长对 CO_2、氧化氮、SO_2 的排放具有正向的影响。“环境库兹涅茨曲线”也意味着发达国家的原料使用密度应该随着经济的增长而下降,但 Tomi et al.(2001)利用美国、日本、德国等五个国家数据的实证分析却没有相关证据。Halkos and Tzeremes(2009)认为人均收入和环境污染之间不存在这种“倒 U”形关系。Akbostanci et al.(2009)利用土耳其的时间序列数据发现收入水平和污染排放存在单调递增关系，而利用省级面板数据实证分析则发现污染排放和收入之间存在“N”形关系，两种方法均不支持EKC。Fodha et al.(2010)利用突尼斯1961年至2004年的数据分析发现，人均SO_2排放和人均GDP之间存在“倒U”形关系，而人均CO_2排放与人均GDP之间关系则不存在拐点，而是单调递增的。Bader and Ganguli(2017)利用海合会国家1980年至2012年的数据分析并没有证实环境污染与经济增长之间的“倒U”形关系。

“环境库兹涅茨曲线”反映了经济发展和环境状况变化之间的长期性关系，短期的时间序列数据难以验证。Lindmark(2002)利用瑞典的1870年至1997年的长时间序列数据分析发现不同时期经济发展对环境的影响不同，认为EKC是一种长期现象。Ahmed and Long(2012)利用巴基斯坦的数据实证分析没有发现短期的EKC关系，但在长期上，CO_2排放与经济增长、贸易开放及人口密度之间存在“倒U”形关系，指出EKC是一种长期性的现象。

环境改善是环境治理强化的结果，而不会随着经济的增长而自动地实现(Akbostanci et al., 2009)。Andreoni and Levinson(2001)利用新古典静态模型分析指出，只有在环境治理规模收益递增的条件下，才能出现EKC的情况。更加富裕的人们需要更多的消费和更高质量的环境，而只有规模收益递增的环境治理才能实现这种双重的目标。Dinda(2005)在内生增长模型框架下分析指出，只有在环境治理投资充分的条件下才会出现EKC的情况，这可以解释为什么一些污染指标与经济增长之间不符合EKC变化规律。Egli and Steger(2007)对Andreoni and Levinson(2001)的研究做了拓展，在动态模型框架下，分析KEC拐点的决定因素发现，规模收益递增的环境治理以及对高质量环境的偏好共同决定环境条件变化趋势的拐点。Smulders et al.(2011)在熊彼特增长模型下分析清洁生产技术投资激励对环境的影响指出，只有对清洁生产技术进行充分的投资激励才能实现EKC拐点，即污染排放的下降或环境条件的改善。

(三)“环境库兹涅茨曲线”的拓展

外国直接投资(FDI)、国际贸易的环境影响是“环境库兹涅茨曲线”的重要拓展。FDI对环境具有双重影响，一方面东道国倾向于降低环境标准以吸引FDI，这会恶化东道国的环境(Smarzynska and Wei, 2001)；另一方面，FDI给东道国带去先进技术，有利于改善环境条件(Wheeler, 2001)。在贸易方面，Antweiler et al.(1998)利用全球环境监控系统(Global Environmental Supervising System)收集的 SO_2 排放数据分析指出，贸易对环境的结构效应为正但较小，而对环境的技术效应和规模效应为负，整体效应为负，即贸易有利于促进环境条件改善。Choi et al.(2010)利用中国、日本、韩国三个国家的样本实证分析指出，不同国家经济增长对环境污染的影响不同，中国经济增长与 CO_2 排放之间的关系为"N"形，而日本则为"U"形关系。他们进一步分析指出不同国家贸易开放对 CO_2 排放的影响同样不同，日本、韩国贸易开放与 CO_2 排放之间的关系为"倒 U"形，而中国则为"U"形。

(四)"环境库兹涅茨曲线"的中国验证

中国经济发展的环境影响是否存在拐点也是学界研究的重要主题，Brajer et al.(2007)认为中国确实存在"环境库兹涅茨曲线"的拐点。张晓(1999)利用中国时间序列数据研究指出，中国的经济发展水平与环境污染程度之间呈现较弱的"环境库兹涅茨曲线"变化趋势。陈华文和刘康兵(2004)利用上海市的数据，分析发现上海市经济增长和空气质量之间存在"环境库兹涅茨曲线"变化趋势。Jalila and Mahmudb(2009)实证分析认为中国人均GDP 和 CO_2 排放之间存在 EKC 关系，并指出从长期来看，CO_2 排放主要由人均收入和能源消费所决定。Wang(2016)利用 2003—2012 年中国城市层面的数据研究发现，经济增长和环境污染之间存在倒 U 关系，但是在其研究期间，经济增长显著地加剧了环境污染。Kim et al.(2018)用地理加权回归分析法测度中国经济增长的环境影响指出，经济增长对不同地区的不同环境污染指标所产生的影响明显不同，经济增长与 SO_2 和固体废弃物排放在华北地区具有显著的 EKC 关系，而与污水排放则在全国范围具有显著的 EKC 关系。

也有一些研究没有发现中国经济增长与环境污染之间存在"倒 U"形关系的证据。Soytas and Sari(2006)分析中国经济增长和能源消费、环境污染的关系发现，经济增长和能源消费之间并不存在统计学上的长期因果关系，在此基础上，从长期来看能源保护性政策并不会对经济增长造成影响。曹光辉等(2006)利用中国数据分析经济增长与环境污染之间的关系，并没有发现支持中国存在环境库兹涅茨曲线拐点的证据。彭水军、包群(2006)考察1985—2003 年期间中国六类环境污染指标与人均 GDP 之间的长期动态关系指出，环境污染指标的选取与估计方法的差异会影响"环境库兹涅茨曲线"的验证结论，对于工业废水排放、二氧化硫排放这两项污染指标而言，可能在相对较低的人均收入水平就达到污染"倒 U"形曲线的拐点。周亚敏、黄苏萍

(2010)利用北京市的数据,分析1985—2007年人均GDP与环境指标之间的关系指出,北京市实现经济与环境保护的共赢,与"环境库兹涅茨曲线"的"倒U"形变化趋势并不相符。

二、"污染避难所假说"及实证检验

"污染避难所假说"的理论机制显而易见,而在实证检验中,支持的结论和不支持的结论同时存在。

(一)"污染避难所假说"的内在机制

"污染避难所假说"指环境标准较低的地区即"污染避难所",会吸引环境标准较高的地区向其转移污染产业。Long and Siebert(1991)在模型中引入环境因素分析指出,环境标准的变化通过影响企业成本而影响资本收益率,而资本逐利的本质推动污染产业向环境标准较低的地区转移。Copeland和Taylor(1994)建立南北贸易模型,分析环境规制差异对产业转移及产品贸易的影响发现,在发达国家与发展中国家之间环境规则不同的条件下,贸易自由化将导致污染密集型产业从环境规制较严格的发达国家向环境规制较宽松的发展中国家转移,引起国际产业分工与贸易模式的变化,发展中国家成为污染密集型产业的集聚地。发达国家专业化生产污染程度低的清洁产品,而从发展中国家进口污染密集型产品,从而使得发达国家的环境污染得以缓和,而发展中国家的环境问题持续恶化。Liddle(2001)认为国际贸易推动污染从一个国家转移至另一个国家,引起污染的跨国转移。

(二)"污染避难所假说"的实证检验

有关"污染避难所假说"的检验主要有两种方法:一是从FDI的角度,检验环境规制是否影响FDI的区位选择,环境规制较宽松的国家是否更多地集聚了污染密集型的产业(Birdsall and Wheeler, 1993; Levinson, 1996; Smarzynska and Wei, 2001; List and Co, 2000; Xing and Kolstad, 2002)。二是从产品贸易的角度,通过一国在污染产品消费和贸易的动态变化来确定其是否更多地集聚了高污染的产业或产业链节。在考察期内,如果一国污染密集型产品的净出口相对于其国内消费呈现上升的趋势,则说明其他国家向该国转移了污染密集型产业,"污染避难所假说"成立(Janicke et al., 1997; Cole, 2004)。

一些研究发现环境规制确实对产业转移具有显著的影响。Robison(1988)以美国为例,分析工业污染治理成本的变化对其贸易模式的影响指出,环境成本的提高确实会改变美国产品的贸易比较优势,高污染产品由于其污染治理成本较高,更多地依赖进口,而清洁产品的治理成本较低,具有更强的出口竞争优势。Lucas et al.(1992)分析发现,高收入国家工业部门污染及排放相对规模的下降,更多是由于产业转移使得工业部门产出在经济总量中所占比例的下降,并不是采用更加清洁制造工艺的结果。经合组织(OECD)国家环境标准的提高导致发展中国家工业污染的加剧。Levinson and Taylor(2002)和 Ederington and Minier(2003)通过实证分析也发现,环境标准的提高确实会导致贸易模式发生变化。Van Beers and Van den Bergh(1997)分析发现环境规制对 OECD 国家的双边贸易具有负的效应,环境标准的提高会抑制 OECD 国家之间的双边贸易。List and Co(2000)、Keller and Levinson(2002)和 List et al.(2004)利用美国州层面的数据,实证分析均发现环境规制确实引致产业在不同州之间的转移。他们进一步指出,不能有效控制模型估计的内生性问题以及衡量指标的偏误可能是导致先前的研究没有发现类似证据的主要原因。Xing and Kolstad(2002)实证分析美国的对外直接投资指出,环境规制对污染程度不同行业的影响明显不同:提高环境标准对高污染产业的对外直接投资具有显著的抑制作用,而对低污染产业的对外直接投资则不具有显著的影响。Levinson and Taylor(2008)利用 1977—1986 年美国 130 个制造业细分行业的数据,分析环境规制变化对美国与加拿大、墨西哥贸易的影响发现,环境治理成本增加的行业,其净进口同样增长显著,在 20 个环境成本增长最显著的行业中,其净进口量增长占分析期间的比例超过一半。Derek(2009)利用美国跨国公司海外投资数据实证分析指出,环境规制对其海外直接投资的区位选择具有显著的影响。Wagner and Timmins(2009)利用德国数据实证分析发现,环境规制对德国化学工业对外直接投资的影响符合“污染避难所假说”。陆旸(2009)利用多国数据分析指出,严格的环境规则并不影响污染密集型产品的比较优势,反而提高了部分污染密集型产品的出口竞争优势。Chung(2014)实证分析韩国的对外直接投资指出,在 2000—2007 年,韩国高污染产业的对外直接投资更倾向选择环境标准较低的国家。Naughton(2014)利用 1990—2000 年 28 个 OECD 国家的数据实证分析指出,东道国环境标准的提高确实对 FDI 的流入产生抑制作用。Bialek and Weichenrieder(2015)同样利用德国企业层面的对外直接投资数据分析指出,环境规制对绿地投资和 M&A 的影响不同,环境规制提高对污染密集型的绿地投资具有显著的负向影响,支持“污染避难所假说”,而对低污染产业的 M&A 则有明显的吸引作用。Ben-David et al.(2018)利用微观数据分析指出,总部位于环境规制严格国家的企业倾向于在环境规制较宽松的国家进行污染产品的生产,即出口污染,但是他们仍然在整体上减少了全球的 CO_2 排放水平。

(三)“污染避难所假说”悖论及解释

在理论上,环境规制对高污染产业转移的影响显而易见,但在实证上,仍有许多研究没有发现支持此假说的有力证据(即“污染避难所假说”悖论)(Dean, 1992; Jaffe et al., 1995; Levinson, 1996a; Janicke et al., 1997; Smarzynska and Wei, 2001; Eskeland and Harrison, 2003; Cole, 2004)。对此,学界广泛认可的解释主要有两个层面,一是环境成本相对于其他成本所占比例较小,对产业转移的影响并不显著。Jaffe et al.(1995)认为,要素禀赋仍然是影响贸易模式最为主要的因素,而环境规制影响模型忽略了要素禀赋的作用,虽然环境标准的提高会增加高污染产业的成本,但相对于其他成本,增加的环境成本仍然不足以影响其贸易模式。而且,产业的污染密集程度与资本的密集程度高度相关,与清洁产业相比,许多高污染产业同时也是资本密集型产业。因此,资本要素丰富的发达国家通常在高污染产品上也具有更强的贸易竞争力。全球化下的产业链分工推动发达国家专业化地生产资本密集型产品,但同时也导致高污染产业在发达国家的集聚(Cole et. al., 2005)。Taylor(2005)进一步分析指出,在开放经济条件下,不同国家之间环境规制的差异确实会引起高污染产业的跨国转移,但这种产业的跨国转移是包括环境规制在内的多种因素共同作用的结果。换言之,环境规制差异是推动高污染产业跨国转移的必要条件而非充分条件。二是数据及计量方法本身的问题。如不同国家环境规制的变化难以客观衡量,行业或国家层面的数据不能客观反映企业行为(Smarzynska and Wei, 2004)。后续的研究虽然对计量方法做了大量修正,但仍有些研究没有发现此类证据。Harris et al.(2003)指出 Van Beers and Van den Bergh(1997)的研究存在模型设定的错误,导致分析得出环境规制影响 OECD 国家双边贸易的结论,如果同时考虑进口国和出口国的效应,则环境规制对 OECD 国家双边贸易的影响并不显著。Javorcik and Wei(2004)研究发现环境规制统计指标的选取会影响研究结论，衡量环境规制的不同指标对外商直接投资区位选择的影响不同。Ederington et al.(2004)利用美国行业数据分析指出，在1978—1994年，美国的进口并没有替代本国的污染密集型产品的生产，污染密集型产业对关税削减并不敏感。Smarzynska and Wei(2004)试图解决"污染避难所假说"实证研究存在的问题，如东道国腐败的影响、环境标准衡量指标的客观性等，他们利用24个转型经济体企业层面的数据分析发现一些支持"污染避难所假说"的结论，但是这些结论仍然没有通过稳健性检验。Manderson and Kneller(2012)利用英国数据实证分析指出，环境规制没有显著影响其对外直接投资，与清洁产业相比，高污染产业的对外直接投资没有更倾向于选择环境标准较低的国家。

近年来，一些研究试图在理论上从不完全竞争的角度对"污染避难所假说"悖论做出解释。Dijkstra et al.(2011)分析指出，在古诺寡头竞争市场条件下，如果环境标准的提高对外商投资企业的负向影响小于其竞争对手即本国企业，则提高环境标准反而可以吸引外国直接投资。Elliott and Zhou(2012)构架理论框架分析指出，在非完全竞争市场条件下，环境标准提高会吸引FDI流入，并将这种现象称为"环境规制引致外资流入"。Sanna-Randaccio and Sestini(2012)利用寡头竞争模型分析单边环境政策变化对高污染投资的影响指出，如果本国的市场规模足够大，则其环境标准的提高，不会导致高污染产业转移到环境标准较低的国家。

(四)"污染避难所假说"的中国验证

基于中国数据的实证研究所得的结论也明显不同。一些研究认为较宽松的环境规制使中国成为污染产业的"避难所"。Zhang and Fu(2008)利用省级数据实证研究发现，FDI倾向于选择环境规则较宽松的地区。Dean et al.(2009)利用企业层面的数据分析指出，中国环境规制变化对不同来源外资的影响不同，排污费的提高对来自中国香港、澳门及台湾地区的直接投资具有显著的抑制影响，但对于来自美国、日本等其他地区的直接投资，不论是高污染产业还是低污染产业，均不具有显著的影响。陈刚(2009)利用省级层面的数据，从地方政府"环境竞争"的视角分析指出，中国环境标准的提高对FDI流入具有显著的负向效应。傅京燕、李丽莎(2010)利用中国省级面板数据分析指出，环境规制是影响外商对华直接投资的重要因素。史青(2013)利用省级数据，在环境规制内生的假设前提下分析发现，中国较宽松的环境规制是成本优势的组成部分，对FDI流入具有显著的促进作用。朱东波、任力

(2017)用企业层面的数据实证分析指出,外商直接投资倾向于选择高污染行业,中国更多地集聚了高污染产业,支持“污染避难所假说”。Jing et al.(2016)利用上海1991—2013年的数据分析环境规制对FDI流入的影响发现,不论是长期还是短期,环境规制都对FDI流入产生抑制作用。Lin and Sun(2017)利用2000—2010年的新设外商投资企业数据实证分析指出,环境规制对外商投资企业的区位选择具有显著影响,不同省份之间环境标准的差异越大,对外商投资企业的抑制差异越大。Zheng and Shi(2017)分析中国国内的“污染避难所”效应指出,环境政策确实是推动产业转移的一个因素,但环境规制对产业转移的影响与环境政策及行业性质相关,相对于水污染密集型行业,主要为国家资本控制的空气污染密集型产业,对环境政策工具并不敏感。López et al.(2018)分析指出在1995—2009年,国际贸易降低了全球的CO_2排放,但导致中国成为其他地区的“污染避难所”,中国2008年的出口增加了1.5Gt CO_2。但也有一些实证研究没有发现环境规制影响FDI流入的有力证据。朱平芳等(2011)利用中国城市面板数据,建立空间计量模型验证地方政府是否降低环境标准以吸引FDI发现,尽管确实存在地方政府的环境政策博弈,但从整体平均水平来看,环境规制对FDI的影响并不显著。李小平、卢现祥(2010)测度中国的净出口消费指数分析发现,从产业转移的角度来看,发达国家同时向中国转移高污染产业和低污染的“干净”产业,中国并没有成为发达国家转移污染产业的“避难所”。而且国际贸易不仅能够减少工业的CO_2排放规模,也会减低单位产出的CO_2排放量。曾贤刚(2010)利用1998—2008年的省级层面数据分析发现,中国的环境规制和FDI之间不存在格兰杰因果关系,环境规制对FDI流入存在显著的影响,对FDI流入影响更为显著的是外资集聚程度、经济规模以及基础设施状况等因素。Lu et al.(2012)利用中国两控区和非两控区城市数据分析发现,两控区城市对FDI的吸引力显著低于非两控区城市,证实了“污染避难所”的存在。Li et al.(2015)利用省级层面的数据分析发现,环境规制在经济发展水平不同的地区对FDI区位选择的影响不同。在经济发展水平较高的省份,环境规制的变化对FDI的区位选择不具有显著的影响。

三、理论基础:环境要素理论

环境随着人类生产活动急剧扩张,其稀缺性不断凸显,从无限供给的“自然要素”转变成需要支付对价的经济要素。

(一) 环境成为生产要素的条件

随着人类生产活动的急剧扩张和对环境损害的日益加剧,环境的重要性及稀缺性日益凸显,从无限供给的“自然要素”转变成为影响经济、贸易可持续发展、需要支付对价的经济要素。在传统经济学理论中生产要素有三类:劳动力、资本和土地。投资者购买三大要素投入生产,按要素价格支付要素使用费,获得收益。在工业化初期,尽管大气等环境资源开始被破坏性地使用,但生产者并不需要为此支付任何成本,因为人们认为大气等是无限供给的,不具有稀缺性,非稀缺性这一特点成为不需要支付费用的理由。但是,随着人类生产活动的急剧扩张和对环境损害的日益加剧,不断恶化的环境条件开始危及人类的生存,环境作为自然要素的无限供给状态被打破。环境的稀缺性开始显现并被广泛认识,环境从无限供给、无偿使用的自然要素转变成有限供给有偿使用的新的生产要素。这就决定了对环境资源的消耗性使用需要支付相应的对价。于是,环境资源的生产要素性质历史性地形成了,成为与劳动力、资本和土地一样具有稀缺性和供给约束的第四类生产要素。

(二) 环境要素的特殊性

1. 环境要素是一种公共产品

环境要素具有不可分割性,其产权难以确定,同时它具有很高的公共性,不排斥他人使用环境要素。这样,经济主体在追求利润最大化的过程中,会无约束地争夺、消耗环境要素,不可避免地导致环境破坏。

2. 环境问题具有外部性

环境问题通常是工业生产的结果,而这种结果通常由行为主体以外的其他人来承受。如果没有外部约束,企业在生产中无偿地使用环境要素,消耗资源、能源、排放污染物,对于企业而言,环境要素成本是一种外部性的社会成本。

3. 环境信息具有不对称性

环境污染及治理的相关信息具有不对称性,排放、污染的行为主体为了自身利益,倾向于隐瞒信息,而受害的公众由于信息不透明或获取信息的成本太高,难以保护自身的环境权益。

环境资源成为具有稀缺性和供给约束的生产要素是人类生产活动发展的结果,但是由于环境要素的公共产品特性以及环境影响的负外部性,环境要素无法通过市场自动形成合理的价格，而需要政府合理评估环境影响及环境治理成本，通过完善的环境规制，建立“环境要素”定价机制，有效地对环境要素进行定价，在促使行为主体对污染支付合理对价的同时，强化环境治理，使环境保持在适合人类生存的、可持续的水平。

（三）环境要素定价理论框架

环境要素定价理论框架将环境作为一种要素引入 Obsfeld 和 Rogoff (1995)的分析框架，建立理论框架，分析环境要素定价对贸易模式及贸易结构的影响。

假设三要素生产函数为：

$$Y_i = A_i L_i^{\beta} K_i^{\alpha} R_i^{\gamma} \tag{2-1}$$

其中，A 表示技术水平；L、K 分别表示劳动、资本；R 表示环境要素。$\alpha+\beta+\gamma=1$。产品 i 的价格 $P_i = C_i(w, r, g)$，其中，w、r 是劳动 L、资本 K 的价格，分别由劳动市场和资本市场决定；g 表示环境要素 R 的价格，表示对能源、资源的消耗及排放等环境影响所引致的负外部性的补偿。

假设本国代表性家庭的效用函数为：

$$U_t = \sum_{t=0}^{\infty} \beta^t \left[\frac{(E_t C_t)^{1-\rho}}{1-\rho} - \frac{k}{2} L_t^2 \right] \tag{2-2}$$

其中，C_t 表示消费；E_t 表示环境质量指数，$E_t = f[E_{t-1}, \mu, \theta, \mathrm{g}(R)]$，$\mu$ 表示环境自我恢复能力。环境要素的定价机制 $\mathrm{g}(R)$、治理效率(θ)会影响环境质量指数 E_t，进而影响家庭效用。$\beta \in (0, 1)$，表示主观贴现因子；$\rho > 0$，表示相对风险规避系数。

假设环境要素 R 的价格 g 由政府外生决定，如果政府目标是 GDP 增长率，而非家庭效应最大化，那么，政府会低估本国环境要素的价格 g，降低本国产品的成本，以促进消费及出口贸易，从而促进本国 GDP 增长。式(2-1)显示，环境要素 R 价格 g 的低估，会使产出规模高于均衡水平。政府在 GDP 增长导向下，有持续地、更大幅度地低估环境要素价格的动机，导致产出越来越偏离均衡水平。排放密度越高的产品和产业从环境要素价格低估中获益越多，具有更高的竞争力，本国经济结构和贸易结构将趋向高污染、高排放产业，环境条件将不会收敛于一定的水平，而是持续恶化。在经济、贸易实现增长的同时，排放规模持续扩大，环境污染不断加剧。这种低估环境价格、过度追求经济增长而忽视环境保护的情景是大多数国家尤其是发展中国家在工业化初期的经济发展模式。

如果政府的目标是消费者效用最大化，即在(2-1)的生产函数、市场出清及其他约束条件下，实现式(2-2)的最大化，则政府需要构建完善的环境规制，形成环境要素定价机制，使得环境要素价格趋近于消费者效用最大化条件下均衡的环境要素价格。政府低估环境价格，虽然会扩大产出及消费规模，促进经济增长，但环境价格低估会降低环境质量指数，抵消由于消费增加而增加的效应，反而从整体上导致消费者效用下降，偏离最优水平。因此，在消费者效用最大化导向下，政府没有低估环境要素价格的动机，从而使环境要素趋于均衡水平，实现消费者效用最大化。这种在保障环境质量的同时实现经济增长的模式是大多数经济发展水平较高、国民对环境质量要求较高的后工业化国家的经济发展模式。

(四) 环境要素定价对产业转移、贸易的影响

在开放经济条件下，环境要素和其他要素一样，其定价会影响 FDI 流动及贸易模式、结构。在环境要素定价对产业转移的影响方面，环境要素作为一种不可流动的要素，如果其价格被低估，将通过产业转移和价值链分工吸引其他可流动要素形成环境要素密集的产品或价值链节的集聚，进而形成高排放出口结构。这具体表现为两个层面，一是绝对意义上的集聚，即高排放产业或产业链节的集聚；二是相对意义上的集聚，由于环境要素定价的跨国差异，相同的产业尤其是非高排放产业或产业链节在环境要素价格低的国家更多地使用环境要素，使其产品的能耗密度、排放密度大幅高于环境要素价格高的国家。

在环境要素对贸易的影响方面，如果本国环境要素价格低估，相对于其他要素，环境要素价格较低，其他条件相同，对于不同的产品，本国在环境密集型产品上具有更强的竞争力；对于相同的产品，在本国生产也将更多地消耗环境要素，则本国在环境密集型及其他产品上均具有更强的国际竞争力，产业进一步集聚，贸易快速发展，而环境条件则持续恶化。如果进一步考虑环境要素定价对技术发展轨迹的影响，本国的技术发展更侧重提高劳动和资本的效率而忽视环境影响，而外国技术发展则会同时考虑劳动、资本和环境要素的效率，注重环境治理效率的提高。这样本国基于环境要素价格低估的国际竞争优势趋于弱化，以环境恶化为条件的贸易竞争力也趋于弱化。

中国环境要素定价机制还需完善,它曾对工业化进展的环境影响缺乏客观的评价标准,环境要素价格严重低估,长期忽视污染控制及损害补偿。环境要素价格低估是经济发展中污染加剧、环境条件恶化的根本原因。笔者认为,中国以经济增长为首要目标的发展模式,长期低估环境要素价格,导致高能耗、高污染产业结构的形成。这具体表现为三个方面:一是价格较低、污染程度较高的煤炭在中国的能源消费中一直占有较高比例;二是产出整体的能耗及排放较高,即GDP或工业产值的能耗密度及排放密度较高;三是高污染产业产值所占的比例较高。中国在经济增长导向下的出口促进、外资鼓励政策忽略了环境要素成本,为此付出了巨大的环境代价。在企业未对排放等环境影响支付相应对价的情况下,这一成本是由社会承担的;而在引进外资促进出口的情况下,隐含的是国民福利的损失。

四、研究框架及主要内容

本书的研究框架及主要内容如图2-1所示。

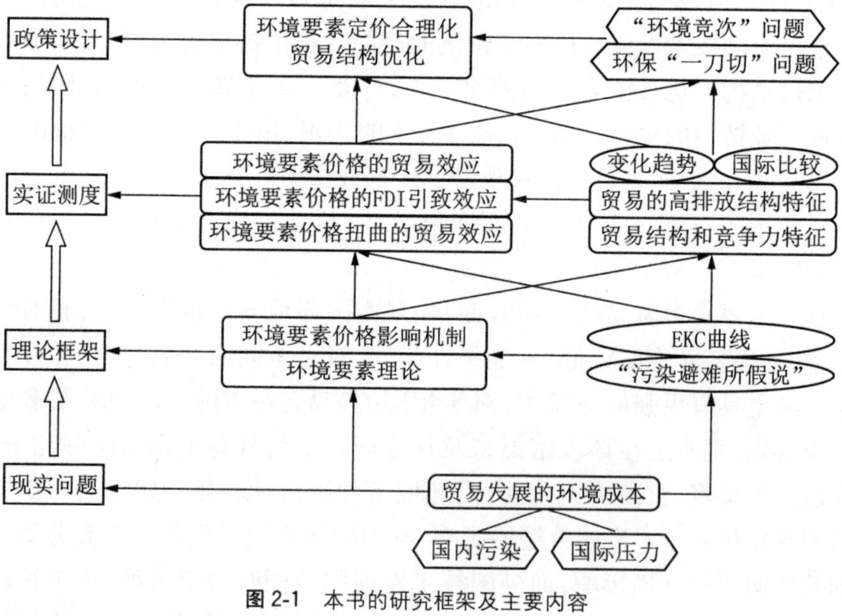

图2-1 本书的研究框架及主要内容

本书的推进思路如下:

(一) 分析中国经济、贸易发展的环境成本

在分阶段厘清中国环境规范的建设及环境治理主要特征的基础上，分析中国经济、贸易发展的环境影响、环境成本以及中国作为排放大国，在国际减排压力下的减排承诺和制度安排。

(二) 厘清相关理论及实证研究，构建课题的理论基础

在厘清“环境库兹涅茨曲线”“污染避难所假说”的内在机制、实证研究及结论的基础上，分析环境从无限供给的自然资源转变成为有偿使用的新型生产要素的条件，并构建理论框架，分析环境要素定价机制及其价格对产业转移和贸易结构、贸易模式的影响。最后阐明本书研究的框架及主要内容。

(三) 分析中国的贸易结构特征和贸易竞争力的变化

在整体分析中国贸易结构和贸易竞争力变化的基础上，鉴于生产链节国际分散的现实，从中间品贸易的视角，分析中国中间品贸易的技术构成，与日本、美国进行比较，以期更为客观地把握中国贸易的结构特征和贸易竞争力。

(四) 分析中国贸易的排放结构特征及贸易隐含的 CO_2 排放

在理论分析环境要素价格对 CO_2 排放影响路径的基础上，从 CO_2 直接排放密度和完全排放密度两个层面分析中国排放密度的变化趋势及其隐含的分工地位的变化、贸易隐含的国内 CO_2 排放规模，并与日本、美国进行横向比较，以期客观把握中国贸易的排放结构特征以及贸易引致的 CO_2 排放。

(五) 分析中国要素价格扭曲对贸易的影响

在分析环境等要素价格扭曲的原因及表现的基础上，借助生产函数法对要素的价格扭曲程度进行量化测度，并构建模型分析要素价格扭曲对中国出口贸易的影响。

(六) 分析中国环境要素价格对外商对华直接投资的影响

考虑到外商直接投资企业是中国嵌入国际分工的重要媒介，也是中国对外贸易的重要主体和推动因素，这部分基于中国环境政策与执行之间存在差异的现实情况，利用新建外商投资企业的数据，构建模型分析环境要素价格

对外商对华直接投资区位选择的影响，以期更全面地分析环境要素通过影响外商对华直接投资进入选择，进而可能对贸易产生的影响。

（七）分析环境要素价格的出口贸易效应

基于全球化分工深化的特征，构建修正净出口消费指数，验证中国是否成为国际污染产业“避难所”，并量化测度不同污染程度行业贸易竞争力的变化趋势，厘清中国排放密度更高的行业是否具有更强的贸易竞争力，最后构建模型分析环境要素价格对出口贸易的影响。

（八）从环境要素定价的视角提出中国贸易转型的路径选择

根据理论和实证分析结论，并基于中国环境监管中的两个主要矛盾，即地方政府的“环境竞次”问题、环保“一刀切”执法问题以及中国贸易模式特征，提出建立长效机制、环境要素定价合理化，优化贸易结构，促进贸易转型升级的路径选择。

五、结论性评述

本章在厘清“环境库兹涅茨曲线”和“污染避难所假说”的内在机制及相关实证检验及结论的基础上，分析环境成为经济要素的条件，并提出“环境要素理论”，构建本书研究的理论分析框架，最后阐明本书研究的框架结构及主要内容。

“环境库兹涅茨曲线”指环境条件随着经济发展水平的提高而呈现先恶化再改善的“U”形变化趋势。相关研究部分验证了“环境库兹涅茨曲线”的存在，但也有研究没有发现“环境库兹涅茨曲线”拐点。跨国直接投资、国际贸易的环境影响是“环境库兹涅茨曲线”的重要拓展。“环境库兹涅茨曲线”的中国数据验证所得的结论也大相径庭。

“污染避难所假说”指环境标准较低的地区会吸引环境标准较高的地区向其转移污染产业，而成为“污染避难所”。“污染避难所假说”可以通过 FDI 区位选择和产品贸易的两个层面进行实证检验。“污染避难所假说”在理论上的内在逻辑显而易见，但也有许多研究没有发现支持此假说的有力证据。基于中国数据的实证研究所得的结论也大不相同。

环境随着人类生产活动的急剧扩张而从无限供给的“自然要素”转变成

需要支付对价的经济要素。环境要素由于其公共产品特性及环境影响的负外部性，无法通过市场自动形成有效价格，而需要政府合理评估环境影响及环境治理成本，确定环境要素的价格，促使行为主体对环境要素的使用支付合理对价，强化环境治理，使环境条件保持在适合人类生存的、可持续的水平。

在此基础上建立环境要素理论框架分析指出，环境要素价格由政府外生决定，如果政府目标是GDP增长，而非家庭效应最大化，则政府会低估本国环境要素的价格，以促进经济、贸易增长。这会导致经济结构和贸易结构将趋向高污染、高排放产业，环境条件不会收敛于一定的水平，而是持续恶化。如果政府的目标是消费效用最大化，则政府需要完善的环境规制，构建环境要素定价机制，使得环境要素价格趋近于消费者效用最大化条件的均衡水平。环境要素价格低估在开放经济条件下，会通过产业的转移、集聚形成高排放贸易结构。

第三章
中国的贸易结构及贸易竞争力

中国贸易快速发展，贸易结构趋于优化，贸易竞争力不断增强。在全球化不断深化的背景下，贸易的对象随着价值链分工的细化而从最终品逐渐向中间品扩展，以中间品贸易为主要特征的垂直化分工成为推动国际贸易发展的主要因素。中国参与全球化分工的程度不断提高，中间品贸易发展迅速，中间品的技术构成不断提升。

一、中国贸易结构及竞争力的变化

中国对外贸易快速增长。2017年，中国出口、进口分别达到2.26万亿美元和1.26万亿美元，分别比1985年增长了82.76倍和43.64倍，大幅度超过同期全球贸易的增长速度。[①]2013年，中国首次超过美国成为全球第一货物贸易大国，并连续三年位居全球第一贸易大国的位置。从出口结构来看，中国工业品的出口占比不断提高，产品出口结构不断优化。“农产品”和“能源及矿产品”在出口中所占的比例不断下降，从1988年开始，“能源及矿产品”的出口比例持续低于全球平均水平。1995年开始，“农产品”的出口比例持续低于全球平均水平。“制成品”所占的比例不断上升，1989年开始，其在出口总额中所占的比例持续高于全球平均水平。从进口结构来看，中国“农产品”进口在进口总额中所占的比例较低，接近全球平均水平。“能源及矿产品”所占的比例逐渐提高，且保持较高水平，金融危机以后，中国“能源及矿产品”进口所占比例大幅度高于全球水平。这说明了危机后，中国经济发展对能源的依赖程度进一步提高。“制成品”进口所占比例呈现逐渐下降的趋势(具体参考表3-1)。

---

① 数据来源：WTO的贸易统计数据库，https://www.wto.org/english/res_e/statis_e/statis_e.htm。

表 3-1　中国贸易增长及结构的变化　　单位：%

年度	世界出口				中国出口				中国进口			
	增长率	占　比			增长率	占　比			增长率	占　比		
		农产品	能源及矿产品	制成品		农产品	能源及矿产品	制成品		农产品	能源及矿产品	制成品
1985	−0.144	13.596	21.855	60.545	4.633	22.830	28.446	36.336	54.148	10.620	5.768	66.093
1990	12.611	11.884	13.993	68.519	18.183	16.202	10.564	71.366	−9.802	14.725	6.072	77.224
1995	19.392	11.405	10.552	71.964	22.953	10.080	5.649	84.021	14.245	12.188	6.894	83.670
2000	12.882	8.517	13.320	72.636	27.842	6.575	4.990	88.225	35.845	8.683	10.684	80.125
2005	13.939	8.066	17.223	69.483	28.421	3.768	4.103	91.914	17.591	6.847	15.885	76.309
2006	15.424	7.769	19.119	68.122	27.170	3.358	3.984	92.406	19.927	6.526	18.124	74.724
2007	15.622	8.068	19.068	67.967	25.953	3.184	3.508	93.092	20.804	6.837	19.998	73.219
2008	15.250	8.307	21.986	64.804	17.226	2.954	3.862	93.059	18.455	7.665	22.044	70.861
2009	−22.299	9.372	18.309	66.714	−16.012	3.402	2.857	93.603	−11.182	7.617	27.183	64.762
2010	21.897	8.846	20.080	65.240	31.303	3.271	3.046	93.584	38.803	7.754	24.898	67.120
2011	19.769	8.994	22.481	62.814	20.322	3.404	3.132	93.335	24.869	8.301	26.859	64.050
2012	0.862	8.948	22.514	62.192	7.919	3.231	2.740	93.952	4.297	8.625	29.608	59.245
2013	2.490	9.134	21.372	62.560	7.824	3.177	2.708	94.029	7.236	8.486	29.355	58.230
2014	0.073	9.239	19.936	64.771	6.034	3.161	2.694	94.138	0.474	8.713	27.914	58.234
2015	−12.892	9.495	14.776	69.102	−2.938	3.173	2.384	94.436	−14.274	9.505	26.879	60.186
2016	−2.979	9.911	12.970	70.106	−7.734	3.541	2.377	94.075	−5.456	9.754	21.208	64.165
2017	10.444	9.804	14.877	68.678	7.901	3.357	2.745	93.892	16.113	9.814	20.544	64.868

• 数据来源：WTO 的贸易统计数据库，https://www.wto.org/english/res_e/statis_e/statis_e.htm。

中国贸易竞争力不断增强。从贸易竞争力优势指数来看，中国贸易竞争力整体上不断增强，1990 年，贸易竞争力指数由负值转为正值之后，除 1993 年之后均为正数，且呈现逐渐增加的趋势。从不同的产品分类来看，“农产品”和“能源及矿产品”的贸易竞争力不断下降，指数从正值转为负值，且呈现不断下降的趋势；“制成品”的贸易竞争力不断增强，指数从负值转为正值，且不断增加。从贸易显性比较优势指数来看，与贸易竞争力指数的变化趋势类似，“农产品”和“能源及矿产品”的贸易比较优势不断下降，“制成品”的比较优势不断增强(具体参考表 3-2)。

表 3-2 中国贸易竞争力的变化

年度	贸易竞争优势指数				贸易显性比较优势指数		
	整体	农产品	能源及矿产品	制成品	农产品	能源及矿产品	制成品
1985	−0.214	0.164	0.525	−0.539	1.679	1.302	0.600
1990	0.076	0.123	0.398	0.022	1.363	0.755	1.042
1995	0.059	−0.035	−0.133	0.091	0.884	0.535	1.168
2000	0.051	−0.088	−0.464	0.128	0.772	0.375	1.215
2005	0.072	−0.223	−0.586	0.174	0.467	0.238	1.323
2006	0.101	−0.227	−0.608	0.214	0.432	0.208	1.356
2007	0.121	−0.254	−0.662	0.253	0.395	0.184	1.370
2008	0.116	−0.345	−0.696	0.290	0.356	0.176	1.436
2009	0.089	−0.304	−0.759	0.250	0.363	0.156	1.403
2010	0.061	−0.354	−0.773	0.246	0.370	0.152	1.434
2011	0.043	−0.383	−0.793	0.263	0.378	0.139	1.486
2012	0.060	−0.406	−0.810	0.290	0.361	0.122	1.511
2013	0.062	−0.404	−0.802	0.293	0.348	0.127	1.503
2014	0.089	−0.395	−0.786	0.303	0.342	0.135	1.453
2015	0.150	−0.378	−0.736	0.332	0.334	0.161	1.367
2016	0.138	−0.352	−0.735	0.314	0.357	0.183	1.342
2017	0.102	−0.409	−0.755	0.297	0.342	0.185	1.367

• 注：贸易竞争优势指数根据“(中国出口额−中国进口额)/(中国出口额+中国进口额)”计算，贸易指数的值在“−1”—“1”，值越大说明贸易竞争力越强；贸易显性比较优势指数根据“中国 i 产品出口额/中国出口额/(世界 i 产品出口额/世界出口额)”计算。如果显性比较优势指数小于 1，说明 i 产品竞争力较弱，不具有比较优势；如果大于 1，则说明 i 产品竞争力较强，具有比较优势。

数据来源：WTO 的贸易统计数据库，https://www.wto.org/english/res_e/statis_e/statis_e.htm。

二、中国中间品贸易的发展及技术构成的变化

中国中间品贸易快速发展，中间品贸易的技术构成变化显著。

(一) 全球化推动中间品贸易快速发展

随着全球化程度的不断提高，贸易便利化、投资自由化在全球范围内推动分工的细化和贸易模式的变化。跨国公司作为这轮全球化的主要推动因素，在全球布局产业链，将经济发展水平不同的国家依照其要素禀赋和比较优势纳入国际分工体系中来，从而形成了以价值链工序分工为主要特征的国

际分工新形态。这种分工新形态在生产上体现为专业化及分散化的进一步提高，在贸易上体现为中间品贸易的快速发展。Jones and Kierzkowski (1990)较早提出了生产分割的思想，指出产品内分工带来的边际成本降低是推动价值链节跨国分工的直接因素，而规模经济以及要素禀赋差异等因素则使这种分工成为可能。Hummels, Ishii and Yi(2001)也指出，生产分割和专业化分工共同推动了中间品贸易的快速发展。

在生产链节国际分散的条件下，传统的统计指标已不能客观地反映一国的贸易状况。技术能力较低的国家也可以通过进口高技术中间品，同时利用本国的要素禀赋及成本优势，在国内进行一些技术含量较低的价值链节的生产、加工，然后向国际市场出口技术含量较高的最终品，以加工贸易等方式嵌入到全球化分工中。即中间品进口可以使发展水平较低的国家参与到原来无法实现的分工中，并从贸易中获得更多收益。在这样的产业链跨国分工条件下，一些国家虽然贸易规模较大，但实际上可能仅处于价值链分工的较低端，在贸易中也仅获得劳动力等要素的收益。各国的出口产品中所含有中间品的进口成分不断提高。Hummels, Ishii and Yi(2001)利用投入产出技术构建垂直专业化指数，使用 OECD 投入产出数据库，指出垂直专业化可以解释 20 世纪 90 年代超过 1/3 的出口贸易增长。Koopman, Wang and Wei(2008)认为，中国通过加工贸易方式出口的商品中，国内要素含量仅为 18%。中国是 iPhone 的组装基地，核心元件和设计从美国、日本、德国和韩国等进口，而由于 iPhone 最后从中国出口，海关的贸易统计将其计为中国出口。实际上中国从 iPhone 出口中所获得的收益不足其价值的 5%。

(二) 中间品贸易及其技术构成的测度

贸易模式变化推动贸易统计发展，中间品贸易及其技术构成的测度成为客观反映一国贸易状况的重要指标。产品分类是测度中间品贸易技术构成的关键。首先是中间品和最终品的分类。依据 UN Comtrade 贸易数据库 BEC 的中间品、最终品分类方法，将货物贸易分类汇总成最终品和中间品，最终品指资本品和消费品，包括编码 112、122、41、521、522、61、62、63 项下的货物；中间品包括编码 111、121、21、22、31、322、42、53 项下的货物。[①]

---

① UN Comtrade 货物贸易的 BEC 分类方法，https://unstats.un.org/unsd/tradekb/knowledgebase/intermediate-goods-in-trade-statistics。

其次是中间品的分类。Pavitt(1984)最早尝试对中间品进行分类,将中间品分为“资源型中间品”“劳动密集型中间品”“规模密集型中间品”和“差异化及高技术的制成品”几类,但由于其分类存在目录重复,界限不清等问题,在实践中并没有得到广泛应用。OECD(1994)根据中间品隐含的技术活动,对其做了更为细致的分类。Lall(2000)综合 Pavitt(1984)和 OECD(1994)的分类方法,以技术在产品竞争优势中的作用为基础,同时考虑研发投入的比重、学习效应、规模经济、进入壁垒等因素,在 SITC 三位分类的基础上,将 SITC(0—9 类)300 多种产品按照其技术含量等因素,分为“初级中间品(PP)”“资源型中间品(RB)”“低技术中间品(LT)”“中等技术中间品(MT)”“高技术中间品(HT)”。本研究采用 Lall(2000)的分类方法,将中间品分为五类,据此分析中国中间品贸易的技术构成及变化。

(三) 中国中间品贸易的发展

随着全球化参与程度的不断提高,中国中间品贸易快速增长。1995 年,中国中间品进出口贸易额为 1 484.94 亿美元,在进出口贸易总额所占的比例达到 53.51%。中国中间品贸易的增长速度快于最终品贸易的增长速度。2017 年,中国中间品贸易进出口额达到 2.38 万亿美元,在贸易总额中所占的比例提高到 59.9%。与 1995 年相比,中国中间品贸易增长了 15 倍,大幅度高于同期全球中间品贸易的增长速度。中国中间品贸易在经历了危机期间的大幅下挫以及危机后的恢复性增长之后,增长速度大幅下滑(见表 3-3)。这种由于国内产业配套能力提高导致中间品贸易增长速度下滑的情况被称为“内部全球化”,部分学者甚至认为,中国的这种“内部全球化”可能是造成危机后全球贸易增长速度大幅放缓的重要原因。

从中间品出口、进口所占的比例来看,在 1998—2017 年期间,中国中间品出口在出口总额中所占的比例较低,大幅度低于全球平均水平,而中间品进口所占的比例较高,均超过 70%,最高达到 80.35%(表 3-3),大幅度高于全球平均水平。中国中间品贸易长期处于逆差状态,1995 年,中间品贸易逆差为 301.01 亿美元,之后逆差规模持续扩大,在 2011 年达到最高水平的 5 097.28 亿美元后开始下降,2016 年逆差降为 3 027.9 亿美元。这反映了中国贸易模式的特征,即进口主要中间品,在中国进行一些价值链节的生产、加工后再出口,以加工贸易为主的贸易模式。

表 3-3 中国中间品贸易的发展 单位:%

年度	全球				中国							
	出口增长率		出口占比		出口增长率		出口占比		进口增长率		进口占比	
	最终品	中间品	最终品	中间品	最终品	中间品	最终品	中间品	最终品	中间品	最终品	中间品
1998	14.10	−0.44	41.36	58.64	30.22	13.29	63.30	36.70	30.22	13.29	23.97	76.03
1999	2.37	4.28	40.91	59.09	5.66	6.51	63.11	36.89	5.66	6.51	24.20	75.80
2000	6.82	15.73	38.99	61.01	24.45	32.19	61.69	38.31	24.45	32.19	22.04	77.96
2001	−0.32	−5.61	40.30	59.70	6.14	7.88	61.31	38.69	6.14	7.88	24.67	75.33
2002	5.76	4.62	40.56	59.44	21.43	24.18	60.78	39.22	21.43	24.18	25.36	74.64
2003	14.83	15.21	40.48	59.52	35.69	32.34	61.37	38.63	35.69	32.34	25.74	74.26
2004	18.00	23.26	39.43	60.57	32.46	40.80	59.91	40.09	32.46	40.80	25.00	75.00
2005	10.43	13.30	38.82	61.18	27.43	29.03	59.61	40.39	27.43	29.03	23.30	76.70
2006	15.19	19.29	37.99	62.01	24.83	30.85	58.48	41.52	24.83	30.85	23.17	76.83
2007	14.06	15.58	37.68	62.32	24.94	27.16	58.05	41.95	24.94	27.16	22.43	77.57
2008	10.63	16.90	36.40	63.60	13.69	21.82	56.35	43.65	13.69	21.82	21.26	78.74
2009	−15.39	−25.16	39.28	60.72	−9.56	−24.48	60.73	39.27	−9.56	−24.48	21.31	78.69
2010	15.63	27.12	37.05	62.95	27.93	36.51	59.17	40.83	27.93	36.51	20.81	79.19
2011	15.11	22.31	35.64	64.36	18.29	23.06	58.21	41.79	18.29	23.06	20.26	79.74
2012	1.69	−1.10	36.28	63.72	9.64	5.71	59.09	40.91	9.64	5.71	20.12	79.88
2013	4.06	4.20	36.25	63.75	5.62	10.88	57.91	42.09	5.62	10.88	19.65	80.35
2014	3.65	−2.80	37.75	62.25	6.21	5.82	58.00	42.00	6.21	5.82	20.22	79.78
2015	−6.92	−16.56	40.35	59.65	−4.10	−0.53	57.11	42.89	−4.10	−0.53	21.23	78.77
2016	−1.93	−3.31	40.69	59.31	−8.15	−7.91	57.05	42.95	−8.15	−7.91	21.58	78.42
2017	0.01	2.84	40.02	59.98	4.90	10.54	55.76	44.24	4.90	10.54	20.37	79.63

• 注:"出口占比"指该类产品在"中间品"和"最终品"出口总额中所占的比例,"进口占比"指该类产品在"中间品"和"最终品"进口总额中所占的比例。
数据来源:UN Comtrade, http://comtrade.un.org/db/。

(四) 中国中间品贸易技术构成的变化

从中间品贸易的技术构成来看,中国高技术中间品(HT)的出口、进口在中间品中所占的比例均相对较高。高技术中间品出口所占的比例从 2001 年开始高于全球平均水平,进口所占的比例也不断提高,从 1998 年开始高于全球平均水平。考虑到高技术中间品持续升高的进口比例,中国高技术中间品出口所占比例提高的原因可能有两个方面:第一,高技术中间品的进口直接推动高技术中间品出口的增加。中国进口高技术中间品,在国内进行一些技术含量较低的价值链节的生产或加工后,仍以中间品的形式出口。第二,高技术中间品进口的技术溢出效应。中间品进口的技术溢出带动国内研发，促进技术创新，提升高技术产品的生产及配套能力，推动中国嵌入全球价值链分工的位置逐渐从低技术链节向高技术链节爬升。以国外经验为样本的实证研究已经证实中间品进口可以使一国参与更多原来无法实现的分工，提高本国技术水平和生产效率(Markusen, 1989; Amiti and Konings, 2007; Loof and Andersson, 2010)。以中国数据为样本的实证研究也得出类似结论。田巍、余淼杰(2014)利用微观的企业数据实证分析指出，中间品贸易自由化显著地提高了中国企业的研发水平；毛其淋、许家云(2015)同样利用企业层面的数据分析指出，中间品贸易自由化对企业生产率的提高具有显著的促进作用，而地区制度环境的改善则会强化这种促进作用，优化资源配置。李平、姜丽(2015)利用省级层面的面板数据实证分析发现，中间品进口显著地促进了中国的技术创新，如果中间品进口增加10%，则中国技术创新将提高1.6%。

中等技术中间品(MT)和低技术中间品(LT)贸易占比的变化趋势类似，出口所占的比例均呈上升趋势，而进口所占的比例则呈下降趋势。这说明中国中等技术和低技术中间品的国内生产及配套能力不断提高，产品竞争力不断提升，对进口的依赖程度逐渐下降。

初级中间品(PP)和资源型中间品(RB)贸易占比的变化趋势类似，出口所占的比例均不断下降(见表3-4)，而进口所占的比例则持续提高。这说明中国中间品贸易结构的持续优化，也意味着中国经济发展对初级中间品和资源型中间品进口依赖程度的持续提高。

表3-4　中国中间品贸易技术构成的变化　单位：%

年度	全球中间品出口的技术构成(占比)					中国中间品出口的技术构成(占比)					中国中间品进口的技术构成(占比)				
	PP	RB	LT	MT	HT	PP	RB	LT	MT	HT	PP	RB	LT	MT	HT
1995	12.15	16.26	18.58	32.06	20.95	10.14	11.01	46.61	18.15	14.09	11.38	13.73	17.48	38.46	18.95
1996	13.15	16.10	18.13	31.66	20.96	9.99	10.84	45.70	17.37	16.10	11.95	13.00	18.25	37.49	19.31
1997	11.97	15.71	18.42	31.62	22.28	9.34	9.92	46.68	17.20	16.86	13.12	14.69	17.65	32.28	22.26
1998	11.03	15.12	18.41	32.50	22.94	8.12	8.94	45.91	17.52	19.51	10.76	14.07	16.90	31.16	27.11
1999	11.74	14.99	17.55	31.69	24.03	7.27	8.85	44.36	17.44	22.08	10.87	14.84	15.04	29.27	29.98
2000	13.41	16.44	16.28	29.35	24.52	7.04	9.59	41.18	18.34	23.85	15.40	15.95	12.95	25.93	29.77
2001	13.00	17.30	16.62	30.02	23.06	6.10	10.19	39.64	18.55	25.52	12.91	15.40	12.52	27.39	31.78
2002	12.75	17.67	16.73	30.48	22.37	5.44	9.75	38.18	18.28	28.35	11.46	14.37	12.33	27.33	34.51
2003	13.11	17.92	16.88	31.02	21.07	4.92	9.11	35.18	18.92	31.87	11.99	13.92	11.86	26.23	36.00
2004	13.02	18.47	16.51	30.59	21.41	4.09	8.94	32.86	20.04	34.07	13.80	15.14	9.93	24.63	36.50

（续表）

年度	全球中间品出口的技术构成（占比）					中国中间品出口的技术构成（占比）					中国中间品进口的技术构成（占比）				
	PP	RB	LT	MT	HT	PP	RB	LT	MT	HT	PP	RB	LT	MT	HT
2005	14.63	15.30	17.13	31.49	21.45	3.93	6.57	32.89	20.72	35.89	15.09	13.73	9.79	22.44	38.95
2006	15.81	17.22	16.18	29.56	21.23	3.84	7.99	32.41	20.13	35.63	16.16	14.28	8.13	21.75	39.68
2007	15.30	17.50	16.46	30.15	20.60	3.31	7.88	32.56	20.82	35.43	16.67	16.29	7.51	21.64	37.89
2008	17.14	18.71	15.96	29.20	18.99	3.03	8.43	32.49	21.94	34.11	20.30	19.27	6.79	20.29	33.35
2009	15.89	18.37	16.39	28.38	20.97	3.14	8.08	31.05	21.52	36.21	18.63	18.33	6.82	21.62	34.60
2010	18.63	18.56	15.13	27.52	20.16	3.88	8.04	30.15	21.65	36.28	19.74	19.37	5.90	21.95	33.04
2011	20.13	19.55	14.96	27.10	18.26	4.01	8.59	31.22	22.09	34.09	21.95	21.16	5.47	21.76	29.66
2012	19.57	19.43	15.14	26.99	18.87	3.72	8.31	32.34	21.33	34.30	23.85	19.34	5.23	20.05	31.53
2013	19.40	19.57	15.23	26.67	19.13	3.62	8.39	32.53	20.53	34.93	22.65	19.71	5.09	19.29	33.26
2014	18.33	18.94	15.83	27.23	19.67	3.76	8.45	33.47	20.86	33.46	22.99	19.57	5.29	20.02	32.13
2015	15.29	17.19	16.79	28.99	21.74	3.72	8.13	32.53	21.51	34.11	19.36	16.89	5.85	20.59	37.31
2016	14.91	16.88	16.52	29.71	21.98	3.99	8.30	31.85	21.72	34.14	18.59	17.02	5.79	20.93	37.67
2017	10.91	18.51	16.59	31.44	22.55	2.52	8.69	31.15	22.29	35.35	20.14	18.47	5.41	20.52	35.46

• 注："占比"指该分类的中间品出口或进口在中间品出口额或进口额中所占的比例。例"中国中间品出口的技术构成（占比）"项下的"PP"指中国初级产品出口在中国中间品出口额中所占的比例。
数据来源：UN Comtrade，http://comtrade.un.org/db/。

三、中国中间品贸易的技术优势指数及与日本、美国的比较

本部分构建中间品贸易技术优势指数，分析中国中间品贸易技术优势指数的变化，并与日本、美国进行比较。

（一）中间品贸易技术优势指数的构建

借鉴Balassa（1965）显性比较优势（RCA）的思想，并根据上述中间品的分类，构建中间品贸易技术优势指数，分别测度初级中间品、资源型中间品、低技术中间品、中等技术中间品和高技术中间品的贸易比较优势。

$$TI_i^t = \frac{M_i^t}{M_i} \frac{M_w^t}{M_w} \tag{3-1}$$

其中，TI_i^t 表示 i 国技术含量为 t 的中间品贸易指数，M_i^t 表示 i 国技术含量为 t 的中间品出口贸易额，M_i 表示 i 国的中间品出口贸易总额，M_w^t 表示全球技术含量为 t 的中间品出口贸易额，M_w 表示全球中间品出口贸易总额。如果 $TI_i^t>1$，表示 i 国在技术含量为 t 的中间品贸易中有较强的比较优势；如果

$TI_i^t=1$,表示 i 国在技术含量为 t 的中间品贸易的比较优势相当于全球平均水平;如果 $TI_i^t<1$,表示 i 国在技术含量为 t 的中间品贸易中不具备比较优势。

中间品贸易技术优势指数可以从中间品的视角量化测度一国在不同性质及技术含量中间品贸易上的贸易优势情况,并通过一定期间的变化趋势及与其他国家的对比,从纵向和横向两个层面进行比较分析中间品贸易的竞争力。

(二) 中国中间品贸易技术优势指数的变化

中国在低技术中间品上具有较强的贸易比较优势,中等技术中间品和高技术中间品的贸易比较优势逐渐提高。中国低技术中间品贸易优势指数在考察期间均大于 1.5,有些年度甚至超过 2.5。中国低技术中间品出口的高占比以及显著的贸易比较优势是中国贸易被认为技术含量较低、处于全球价值链分工较低位置的重要原因。中国中等技术中间品贸易优势指数不断提高,但在考察期间均小于 1。考虑到中国中等技术中间品进口贸易占比不断下降以及相对较低的占比水平,这可能是国内配套能力提高,也就是出口贸易中隐含进口含量较低的结果。中国高技术中间品贸易优势指数不断提高,且在 2001 年超过 1。这是中国在高技术中间品进口及国内高技术产品生产能力提高等因素推动下,嵌入国际价值链分工的位置逐渐提升,高技术中间品贸易竞争力不断提高的结果。

中国初级中间品和资源型中间品贸易的比较优势指数较低,且呈现持续下降的趋势。这两类产品的出口贸易优势与国土面积、地理条件、资源储量等自然要素禀赋有较高的相关性。中国尽管幅员辽阔、资源丰富,但相对于当前的经济总量和人口规模,在这两类产品上并不具备明显的比较优势。这两类中间品比较优势指数的持续下降(见表 3-5),也反映了中国经济发展对初级中间品、资源型中间品进口依赖程度的不断提高。

值得注意的是,中国高技术中间品贸易优势指数的不断提高,主要是以外商直接投资企业为媒介的高技术中间品进口推动的结果。这从外商直接投资企业在中国高新技术产业产值及出口的高占比可见一斑。在高技术产业,外商投资企业产值所占的比例在大部分年度超过 50%,最高达到 74%;出口所占的比例更高,均超过 70%,最高达到 93%。以引进外资为基础发展起来的高技术产业,表面上体现了中国整体产业结构的进步和优化,但实际上,这些产业的核心要素仍为外商所控制,鼓励高技术含量外资进入所实现的产业结构进步更多体现在“流量”意义上的统计。

表 3-5　中国中间品贸易技术优势指数的变化

年度	中间品贸易技术优势指数				
	PP	RB	LT	MT	HT
1995	0.84	0.68	2.51	0.57	0.67
1996	0.76	0.67	2.52	0.55	0.77
1997	0.78	0.63	2.53	0.54	0.76
1998	0.74	0.59	2.49	0.54	0.85
1999	0.62	0.59	2.53	0.55	0.92
2000	0.52	0.58	2.53	0.63	0.97
2001	0.47	0.59	2.39	0.62	1.11
2002	0.43	0.55	2.28	0.60	1.27
2003	0.38	0.51	2.08	0.61	1.51
2004	0.31	0.48	1.99	0.66	1.59
2005	0.27	0.43	1.92	0.66	1.67
2006	0.24	0.46	2.00	0.68	1.68
2007	0.22	0.45	1.98	0.69	1.72
2008	0.18	0.45	2.04	0.75	1.80
2009	0.20	0.44	1.89	0.76	1.73
2010	0.21	0.43	1.99	0.79	1.80
2011	0.20	0.44	2.09	0.82	1.87
2012	0.19	0.43	2.14	0.79	1.82
2013	0.19	0.43	2.13	0.77	1.83
2014	0.20	0.45	2.12	0.77	1.70
2015	0.24	0.47	1.94	0.74	1.57
2016	0.27	0.49	1.93	0.73	1.55
2017	0.23	0.47	1.88	0.71	1.57

• 注：根据式(3-1)计算所得。
中间品贸易技术优势指数数据来源：UN Comtrade，http://comtrade.un.org/db/。

(三) 日本中间品贸易技术优势指数的变化及比较

日本低技术中间品贸易的出口竞争力较弱，而中等技术中间品和高技术中间品则具有明显的竞争优势。在低技术中间品贸易方面，日本的指数在考察期间均低于 0.6，且波动幅度相对较小。在中等技术中间品贸易方面，日本的指数均大于 1.5，一些年度甚至超过 2.0。在高技术中间品贸易方面，日本的指数相对较高，但呈现明显的下降趋势，指数在 2015 年到 2017 年低于 1（见表 3-6）。这可能的原因是，日本对外直接投资快速增长，海外投资规模不断扩大，一些高技术中间品或其价值链节随之转移到国外，使得原来从日本出口的高技术中间品，转化为其他国家的出口。

表 3-6 日本中间品贸易的技术构成及贸易技术优势指数的变化

年度	出口占比(%)					进口占比(%)					中间品贸易技术优势指数				
	PP	RB	LT	MT	HT	PP	RB	LT	MT	HT	PP	RB	LT	MT	HT
1995	1.17	6.49	8.26	52.09	31.99	32.39	19.94	15.43	15.04	17.20	0.10	0.40	0.44	1.62	1.53
1996	1.16	6.63	8.19	52.61	31.41	32.01	18.98	15.45	15.20	18.36	0.09	0.41	0.45	1.66	1.50
1997	1.25	6.53	8.30	52.50	31.42	32.69	18.52	14.62	15.18	18.99	0.10	0.42	0.45	1.66	1.41
1998	1.31	6.40	8.16	53.74	30.39	30.74	17.36	14.95	16.03	20.92	0.12	0.42	0.44	1.65	1.32
1999	1.26	6.46	8.23	53.19	30.86	30.13	17.39	14.88	15.37	22.23	0.11	0.43	0.47	1.68	1.28
2000	1.24	6.24	7.39	52.65	32.48	32.04	16.28	14.14	14.76	22.78	0.09	0.38	0.45	1.79	1.32
2001	1.55	6.72	7.46	54.34	29.93	31.71	16.03	15.08	15.79	21.39	0.12	0.39	0.45	1.81	1.30
2002	1.30	6.77	7.65	56.49	27.79	30.95	16.08	14.83	16.44	21.70	0.10	0.38	0.46	1.85	1.24
2003	1.24	6.93	7.56	56.82	27.45	31.53	16.09	14.52	16.67	21.19	0.09	0.39	0.45	1.83	1.30
2004	1.29	7.21	7.70	56.90	26.90	31.50	16.86	13.93	17.07	20.64	0.10	0.39	0.47	1.86	1.26
2005	1.39	7.87	8.18	57.44	25.12	34.06	16.59	13.43	16.60	19.32	0.10	0.51	0.48	1.82	1.17
2006	1.85	7.99	7.92	58.14	24.10	35.60	17.18	12.74	16.01	18.47	0.12	0.46	0.49	1.97	1.13
2007	2.09	8.61	8.15	58.89	22.26	35.81	17.69	12.56	16.62	17.32	0.14	0.49	0.50	1.95	1.08
2008	2.07	9.88	8.52	58.80	20.73	42.62	16.46	10.98	15.22	14.72	0.12	0.53	0.53	2.01	1.09
2009	2.26	10.71	8.66	55.69	22.68	35.92	16.69	14.12	15.28	17.99	0.14	0.58	0.53	1.96	1.08
2010	2.31	9.99	8.47	58.14	21.09	36.38	17.68	12.21	15.57	18.16	0.12	0.54	0.56	2.11	1.05
2011	2.29	10.50	8.67	58.33	20.21	39.01	18.15	11.72	14.85	16.27	0.11	0.54	0.58	2.15	1.11
2012	2.26	10.25	8.17	59.43	19.89	39.80	16.92	11.83	14.69	16.76	0.12	0.53	0.54	2.20	1.05
2013	2.44	11.71	8.02	58.01	19.82	39.36	16.34	12.07	14.91	17.32	0.13	0.60	0.53	2.18	1.04
2014	2.41	11.26	8.14	57.89	20.30	37.87	16.13	12.21	15.87	17.92	0.13	0.59	0.51	2.13	1.03
2015	2.39	10.17	8.20	58.38	20.86	28.24	16.45	14.55	19.05	21.71	0.16	0.59	0.49	2.01	0.96
2016	2.30	9.35	7.97	59.85	20.53	26.75	15.65	15.00	20.07	22.53	0.15	0.55	0.48	2.01	0.93
2017	2.29	9.41	7.60	58.50	22.20	28.85	16.22	13.41	19.65	21.87	0.21	0.51	0.46	1.86	0.98

• 注:中间品贸易技术优势指数根据式(3-1)计算得来。
数据来源:UN Comtrade,http://comtrade.un.org/db/。

日本初级中间品和资源型中间品的比较优势较弱,指数大幅度低于中国和美国的水平。初级中间品和资源型中间品出口在中间品出口中所占的比例较低,而进口所占的比例却较高。这反映了日本两头在外的经济发展模式,也说明日本经济发展对初级中间品、资源型中间品的依赖程度较高。

与中国相比,日本的中等技术中间品和高技术中间品的出口具有更强的比较优势,在初级中间品和资源型中间品方面,和中国相似,对进口的依赖程度较高。

(四) 美国中间品贸易技术优势指数的变化及比较

美国在低技术中间品贸易上不具有比较优势,而在中等技术中间品和高技术中间品贸易上则具有显著的比较优势。在低技术中间品贸易方面,美国的指数在考察期间最高为 0.71,有些年度甚至低于 0.6,且其出口贸易所占比例较低,而进口贸易所占的比例较高。这说明美国在低技术中间品贸易上不具有比较优势,对进口的依赖程度较高。在中等技术中间品贸易方面,美国的指数均大于 1,具有显著的比较优势。在高技术中间品贸易方面,美国的指数呈现明显的下降趋势,甚至在 2015 年和 2017 年低于 1(见表 3-7)。这可能

表 3-7　美国中间品贸易技术构成及贸易技术优势指数的变化

年度	出口占比(%)					进口占比(%)					中间品贸易技术优势指数				
	PP	RB	LT	MT	HT	PP	RB	LT	MT	HT	PP	RB	LT	MT	HT
1995	11.40	13.70	10.56	32.91	31.43	12.14	12.49	18.82	32.24	24.31	0.94	0.84	0.57	1.03	1.50
1996	11.42	12.62	10.71	32.81	32.44	12.63	13.11	18.89	31.65	23.72	0.87	0.78	0.59	1.04	1.55
1997	9.60	12.08	10.80	33.73	33.79	12.61	12.93	19.47	31.21	23.78	0.80	0.77	0.59	1.07	1.52
1998	8.60	11.23	10.97	33.92	35.28	10.15	12.76	20.64	32.46	23.99	0.78	0.74	0.60	1.04	1.54
1999	7.94	11.19	10.96	33.57	36.34	10.58	12.99	19.40	32.62	24.41	0.68	0.75	0.62	1.06	1.51
2000	7.61	12.69	10.83	32.74	36.13	12.46	14.58	17.65	30.38	24.93	0.57	0.77	0.66	1.12	1.47
2001	8.18	13.46	10.75	33.00	34.61	11.72	15.59	18.72	31.20	22.77	0.63	0.78	0.65	1.10	1.50
2002	8.33	14.08	10.83	33.89	32.87	12.01	15.82	19.67	31.24	21.26	0.65	0.80	0.65	1.11	1.47
2003	9.00	14.85	10.77	33.52	31.86	13.38	16.71	19.29	30.13	20.49	0.69	0.83	0.64	1.08	1.51
2004	9.13	16.74	11.41	34.61	28.11	14.59	17.43	18.81	29.12	20.05	0.70	0.91	0.69	1.13	1.31
2005	9.14	14.23	12.08	36.80	27.75	17.35	13.87	19.08	29.33	20.37	0.62	0.93	0.71	1.17	1.29
2006	8.34	15.70	10.62	34.37	30.97	18.56	15.75	18.21	27.84	19.64	0.53	0.91	0.66	1.16	1.46
2007	9.18	16.56	10.31	34.99	28.96	19.02	15.58	18.12	27.26	20.02	0.60	0.95	0.63	1.16	1.41
2008	10.37	19.04	10.08	34.24	26.27	23.54	15.68	17.00	24.78	19.00	0.60	1.02	0.63	1.17	1.38
2009	11.54	20.10	11.21	33.27	23.88	19.18	15.73	18.46	23.84	22.79	0.73	1.09	0.68	1.17	1.14
2010	14.39	21.02	10.27	32.43	21.89	20.17	14.74	17.66	25.30	22.13	0.77	1.13	0.68	1.18	1.09
2011	15.21	23.26	9.79	32.07	19.67	22.05	15.31	16.54	25.28	20.82	0.76	1.19	0.65	1.18	1.08
2012	14.50	23.01	9.99	32.92	19.58	20.39	14.65	16.75	27.36	20.85	0.74	1.18	0.66	1.22	1.04
2013	14.56	23.50	10.12	32.40	19.42	18.55	14.90	17.19	28.03	21.33	0.75	1.20	0.66	1.22	1.02
2014	15.42	22.57	10.14	32.25	19.62	17.16	14.45	17.70	28.96	21.73	0.84	1.19	0.64	1.18	1.00
2015	14.42	20.12	10.51	33.56	21.39	11.91	13.65	19.42	31.44	23.58	0.94	1.17	0.63	1.16	0.98
2016	15.18	19.34	10.40	33.11	21.97	10.97	13.55	19.43	31.96	24.09	1.02	1.15	0.63	1.11	1.00
2017	9.41	22.31	10.79	35.30	22.19	12.38	13.06	18.58	31.50	24.48	0.86	1.20	0.65	1.12	0.98

• 注:中间品贸易技术优势指数根据式(3-1)计算得来。
数据来源:UN Comtrade, http://comtrade.un.org/db/。

有两个方面的原因:第一,中国不断增强的高技术中间品竞争力削弱了美国的出口优势。第二,跨国公司在全球布局产业链导致这样的结果。跨国公司基于成本等因素的考虑,将高技术中间品或其一些价值链节转移到其他国家,使得原来归属于美国的高技术中间品出口,转化为其他国家的出口。

美国初级中间品的比较优势指数较低,但从 2007 年开始呈现上升趋势,甚至在 2016 年出现大于 1 的情况。资源型中间品的比较优势不断增强,指数呈现显著的上升趋势,2008 年开始,指数持续大于 1。这主要是因为美国能源政策的支持以及页岩气开采技术的发展及应用,使美国自 2008 年起能源贸易逆差不断缩小。在截至 2017 年 11 月 30 日的一周内,美国作为全球最大石油进口国的地位逆转,首次出现原油和石油产品的净出口。

与中国相比,美国的中等技术中间品和高技术中间品的出口具有更强的比较优势,而且其高技术中间品进口所占比例相对较低,出口中隐含较低的进口成分;美国低技术中间品的出口比较优势相对较弱;美国初级中间品和资源型中间品的出口比较优势相对较弱,但大幅度高于中国。也就是说,美国高技术含量的中间品出口具有更强的国际竞争力,而经济发展对初级产品和资源的依赖程度相对较低。

四、中国中间品贸易的排放结构及与日本、美国的比较

(一) 中国不同技术含量中间品的排放密度

为了考察中国在排放密度更高的中间品上是否具有更高的贸易竞争力,将按技术含量分类的中间品进一步根据排放密度的高低,分为高排放、中等排放和低排放,分析其排放密度结构的变化趋势,并与日本和美国进行比较,分析中国中间品贸易的排放密度结构及与发达国家的差异。

由于没有中间品的排放密度数据,本主题研究利用盛斌(2002)归纳的海关 HS 编码和中国工业行业的对应表以及 UN Comtrade 的 HS 编码与 SITC 分类对应表,将按 SITC 分类的中间品与中国工业行业匹配起来,并按中国的分行业排放密度,将按技术含量分类的中间品分为低排放(L)、中等排放(M)和高排放(H)(行业分类参考表 7-2)。中国不同技术含量中间品的排放密度如表 3-8 所示。

表 3-8　中国不同技术含量中间品的排放密度　　单位:%

流向	年度	PP		RB			LT			MT			HT		
		PPM	PPH	RBL	RBM	RBH	LTL	LTM	LTH	MTL	MTM	MTH	HTL	HTM	HTH
进口	1995	80.34	19.66	0.05	56.24	43.71	53.15	17.20	29.65	19.47	61.45	19.08	50.92	48.84	0.24
	2000	51.81	48.19	0.02	56.27	43.71	51.07	17.54	31.39	17.59	57.22	25.19	64.52	35.21	0.27
	2005	45.37	54.63	0.01	34.07	65.92	37.54	19.89	42.57	16.23	59.69	24.08	76.24	23.62	0.14
	2010	42.66	57.34	0.02	35.38	64.60	40.84	30.24	28.92	24.80	55.62	19.58	80.81	19.08	0.11
	2011	38.59	61.41	0.04	32.56	67.40	41.12	31.36	27.52	25.93	54.41	19.66	79.28	20.60	0.12
	2012	38.66	61.34	0.04	33.53	66.43	43.23	33.09	23.68	29.20	51.72	19.08	78.26	21.63	0.11
	2013	39.27	60.73	0.03	31.81	68.16	44.07	34.13	21.80	29.89	52.30	17.81	79.91	19.99	0.10
	2014	39.01	60.99	0.04	30.99	68.97	42.92	35.92	21.16	32.75	50.91	16.34	79.78	20.10	0.12
	2015	49.33	50.67	0.04	39.00	60.96	45.10	36.81	18.09	30.15	52.61	17.24	79.60	20.29	0.11
	2016	50.52	49.48	0.04	38.94	61.02	43.90	38.44	17.66	31.58	51.57	16.85	78.81	21.06	0.13
	2017	44.76	55.24	0.03	40.00	59.97	43.37	38.17	18.46	30.30	51.72	17.98	88.55	11.29	0.16
出口	1995	82.48	17.52	0.05	52.50	47.45	63.65	30.94	5.41	34.58	45.01	20.41	44.66	53.54	1.80
	2000	86.66	13.34	0.05	52.75	47.20	62.73	32.92	4.35	33.32	53.96	12.72	45.43	54.07	0.50
	2005	89.62	10.38	0.01	32.11	67.88	57.26	35.52	7.22	27.27	61.56	11.17	37.61	61.83	0.56
	2010	96.05	3.95	0.01	40.45	59.54	54.66	35.71	9.63	33.22	57.35	9.43	39.39	60.34	0.27
	2011	95.77	4.23	0.03	40.77	59.20	52.64	36.76	10.60	33.61	56.07	10.32	38.91	60.80	0.29
	2012	95.76	4.24	0.04	40.95	59.01	49.72	40.35	9.93	32.80	58.06	9.14	39.27	60.53	0.20
	2013	97.19	2.81	0.06	40.29	59.65	49.97	40.56	9.47	30.41	60.64	8.95	41.87	57.96	0.17
	2014	98.62	1.38	0.12	40.02	59.86	47.08	41.86	11.06	29.61	60.61	9.78	38.36	61.40	0.24
	2015	97.35	2.65	0.17	40.51	59.32	48.50	40.54	10.96	30.12	60.28	9.60	39.38	60.44	0.18
	2016	98.13	1.87	0.14	42.13	57.73	49.72	39.89	10.39	28.48	62.39	9.13	38.01	61.81	0.18
	2017	95.26	4.74	0.17	41.25	58.58	49.64	40.33	10.03	28.51	61.76	9.73	45.36	54.37	0.27

• 注:初级中间品 PP 包括高排放中间品(PPH)和中等排放中间品(PPM);资源型中间品(RB)包括低排放中间品(RBL)、中等排放中间品(RBM)和高排放中间品(RBH);低技术中间品(LT)、中等技术中间品(MT)和高技术中间品(HT)均包括低排放中间品(LTL、MTL、HTL)、中等排放中间品(LTM、MTM、HTM)和高排放中间品(LTH、MTH、HTH)。数据来源:UN Comtrade, http://comtrade.un.org/db/。

分析表 3-8 可以发现,第一,从高技术中间品(HT)的排放结构来看,在考察期间,中国更多地进口低排放中间品,其在进口中所占的比例不断提高;更多地出口中等排放中间品,中等排放中间品在出口中所占的比例均高于 50%;高排放中间品在进出口贸易中所占的比例均较低。第二,从中等技术中间品(MT)来看,中国有向中等排放中间品集聚的倾向。低排放中间品进口所占的比例有所提高，而出口所占的比例则有所下降；中等排放中间品所占的比例最高，但进口所占的比例逐渐下降，出口所占的比例则有所上升；高排放的中间品所占的比例相对较低，且都有所下降。第三，从低技术中间品(LT)来看，中国有向更高排放中间品集聚的倾向。低排放中间品出口、进口所占的比例最高，但均有所下降；中等排放中间品在进口和出口中所占的比例不断提高；高排放中间品所占比例较低，但进口所占的比例明显下降，而出口所占的比例则逐渐提高。第四，从资源型中间品(RB)来看，中国低排放中间品所占的比例较低，中等排放中间品和高排放中间品所占的比例较高。第五，从初级中间品来看，中国有向低排放中间品集聚的倾向。高排放中间品进口所占的比例不断提高，而出口所占的比例则不断下降，中等排放中间品进口所占的比例不断下降，而出口所占的比例则不断提高。

（二）日本不同技术含量中间品的排放密度

日本不同技术含量中间品的排放密度如表 3-9 所示。分析表 3-9 可以发现，第一，从高技术中间品的排放结构来看，日本有明显的向低排放中间品集聚的趋势。低排放中间品进口所占的比例不断下降，出口所占的比例不断提高；中等排放和低排放中间品进口所占的比例不断提高，而出口所占比例则不断下降。与中国相比，日本更多地进口中等排放中间品和高排放中间品，而出口低排放中间品。第二，从中等技术中间品来看，日本不同排放密度中间品所占的比例较稳定，低排放中间品和中等排放中间品的进出口所占比例较高。与中国相比，日本更多地集聚了低排放中间品的生产，低排放中间品进口、出口所占比例均高于中国。第三，从低技术中间品来看，日本低排放中间品进口所占比例较高，而出口所占比例较低；中等排放中间品和高排放中间品进口所占比例较低，而出口所占比例较高。与中国相比，日本更多地集聚了高排放中间品的生产。第四，从资源型中间品来看，日本中等排放中间品进口所占比例最高，而高排放中间品出口所占比例最高，低排放中间品进出口所占的比例均最低。与中国相比，日本更多地集聚了高排放中间品的生产。第五，从初级中间品来看，日本高排放中间品进口所占的比例相对较低，出口所占比例相对较高；中等排放中间品进口所占比例相对较高，出口所占比例相对较低。与中国相比，日本更多地集聚高排放中间品的生产。

表 3-9 日本不同技术含量中间品的排放密度　　单位:%

流向	年度	PP		RB			LT			MT			HT		
		PPM	PPH	RBL	RBM	RBH	LTL	LTM	LTH	MTL	MTM	MTH	HTL	HTM	HTH
进口	1995	71.82	28.18	0.19	62.91	36.90	55.50	36.50	8.00	36.43	45.96	17.61	51.54	48.05	0.41
	2000	62.39	37.61	0.11	57.51	42.38	55.04	39.39	5.57	34.34	49.80	15.86	54.92	44.81	0.27
	2005	53.41	46.59	0.10	54.20	45.70	52.08	40.78	7.14	34.00	50.37	15.63	53.29	46.20	0.51
	2010	56.95	43.05	0.03	49.30	50.67	53.24	40.36	6.40	33.46	49.92	16.62	45.23	54.10	0.67
	2011	56.38	43.62	0.03	46.65	53.32	53.41	39.30	7.29	32.62	49.79	17.59	39.98	59.23	0.79
	2012	55.60	44.40	0.03	46.43	53.54	53.03	40.60	6.37	35.90	48.55	15.55	40.91	58.57	0.52
	2013	54.63	45.37	0.03	47.18	52.79	54.31	40.13	5.56	36.51	48.96	14.53	42.63	56.87	0.50
	2014	56.63	43.37	0.03	47.97	52.00	52.96	40.70	6.34	36.29	49.71	14.00	43.86	55.56	0.58
	2015	73.71	26.29	0.04	52.84	47.12	53.38	41.28	5.34	36.03	50.69	13.28	43.35	56.09	0.56
	2016	67.80	32.20	0.05	56.49	43.46	53.31	41.48	5.21	37.26	50.14	12.60	42.26	57.23	0.51
	2017	66.19	33.81	0.05	54.66	45.29	54.66	39.07	6.27	35.97	51.11	12.92	44.29	54.99	0.72
出口	1995	83.14	16.86	0.18	37.86	61.96	17.85	33.71	48.44	48.62	46.68	4.70	63.34	36.55	0.11
	2000	84.62	15.38	0.17	38.87	60.96	20.28	37.22	42.50	50.81	43.95	5.24	67.04	32.73	0.23
	2005	84.67	15.33	0.11	36.12	63.77	16.77	26.40	56.83	50.76	43.29	5.95	67.90	31.78	0.32
	2010	85.69	14.31	0.13	33.18	66.69	14.40	21.96	63.64	49.37	43.92	6.71	76.81	22.57	0.62
	2011	83.98	16.02	0.16	32.60	67.24	14.71	21.08	64.21	46.77	46.36	6.87	77.44	21.89	0.67
	2012	82.50	17.50	0.17	34.02	65.81	15.67	19.27	65.06	49.31	44.30	6.39	77.84	21.57	0.59
	2013	82.84	17.16	0.16	30.40	69.44	15.67	18.26	66.07	50.16	43.37	6.47	78.29	21.11	0.60
	2014	83.18	16.82	0.19	30.71	69.10	15.70	19.75	64.55	49.44	44.03	6.53	78.55	20.80	0.65
	2015	84.38	15.62	0.21	33.68	66.11	16.06	25.00	58.94	50.86	42.77	6.37	77.86	21.53	0.61
	2016	83.87	16.13	0.18	36.22	63.60	17.16	31.22	51.62	51.44	42.24	6.32	77.93	21.36	0.71
	2017	83.04	16.96	0.15	34.46	65.39	17.53	27.00	55.47	50.49	42.60	6.91	75.34	23.73	0.93

• 数据来源:UN Comtrade, http://comtrade.un.org/db/。

(三) 美国不同技术含量中间品的排放密度

美国不同技术含量中间品的排放密度如表 3-10 所示。分析表 3-10 可以发现,第一,从高技术中间品的排放结构来看,美国低排放中间品进口、出口所占的比例均有所下降,而中等排放中间品进口、出口所占的比例均有所提高,高排放中间品所占的比例较低。与中国相比,美国更多地进口排放密度更高的中间品,低排放中间品进口所占的比例较低,而中等排放中间品的进口所占比例较高。第二,从中等技术中间品来看,美国不同排放密度中间品所占的比例较稳定,低排放中间品进出口所占比例最高,超过 55%,中等排放中间品所占比例较低,高排放中间品所占比例最低。与中国相比,美国更多地集聚了低排放中间品的生产，低排放中间品进口、出口所占较高，而中等排放、高排放中间品所占的比例较低。第三，从低技术中间品来看，低排放中间品进出口所占比例最高，但均呈现逐渐下降趋势，中等排放中间品进出口不断提高，高排放中间品所占比例较低。与中国相比，美国更多地集聚了低排放中间品的生产，低排放中间品进口、出口所占比例较高。第四，从资源型中间品来看，美国与中国类似，低排放中间品进出口所占的比例低，中等排放中间品和高排放中间品进出口所占的比例较高。第五，从初级中间品来看，美国中等排放中间品进出口所占的比例均高于 99%，大幅度高于中国，而高排放中间品进出口所占的比例均大幅度低于中国。

表 3-10　美国不同技术含量中间品的排放密度　　单位：%

流向	年度	PP		RB			LT			MT			HT		
		PPM	PPH	RBL	RBM	RBH	LTL	LTM	LTH	MTL	MTM	MTH	HTL	HTM	HTH
进口	1995	99.04	0.96	0.02	53.99	45.99	59.74	29.37	10.89	60.13	32.99	6.88	58.40	41.37	0.23
	2000	99.26	0.74	0.02	49.26	50.72	58.23	33.06	8.71	63.36	30.63	6.01	53.28	46.55	0.17
	2005	99.41	0.59	0.04	31.01	68.95	52.93	37.94	9.13	60.38	31.45	8.17	41.75	58.03	0.22
	2010	99.48	0.52	0.03	38.20	61.77	52.79	38.72	8.49	58.96	31.39	9.65	39.97	59.84	0.19
	2011	99.47	0.53	0.03	35.15	64.82	51.35	38.67	9.98	56.74	32.74	10.52	40.00	59.78	0.22
	2012	99.42	0.58	0.04	36.87	63.09	49.53	39.71	10.76	58.49	31.82	9.69	39.26	60.55	0.19
	2013	99.46	0.54	0.03	37.51	62.46	50.04	40.54	9.42	59.85	30.80	9.35	40.59	59.26	0.15
	2014	99.40	0.60	0.03	39.27	60.70	48.84	40.23	10.93	59.18	31.45	9.37	41.23	58.61	0.16
	2015	99.20	0.80	0.04	43.74	56.22	49.58	41.30	9.12	61.34	30.49	8.18	40.73	59.15	0.12
	2016	99.14	0.86	0.04	46.11	53.85	49.20	43.64	7.16	62.40	29.97	7.63	40.60	59.29	0.11
	2017	99.22	0.78	0.04	46.69	53.27	46.92	44.57	8.51	60.49	31.40	8.11	41.57	58.29	0.14
出口	1995	99.04	0.96	0.02	53.99	45.99	59.74	29.37	10.89	60.13	32.99	6.88	58.40	41.37	0.23
	2000	99.26	0.74	0.02	49.26	50.72	58.23	33.07	8.70	63.36	30.63	6.01	53.29	46.54	0.17
	2005	99.41	0.59	0.04	31.01	68.95	52.93	37.94	9.13	60.38	31.45	8.17	41.75	58.03	0.22
	2010	99.48	0.52	0.03	38.20	61.77	52.79	38.72	8.49	58.96	31.39	9.65	39.97	59.84	0.19
	2011	99.47	0.53	0.03	35.15	64.82	51.35	38.68	9.97	56.74	32.74	10.52	40.00	59.78	0.22
	2012	99.42	0.58	0.04	36.87	63.09	49.53	39.71	10.76	58.49	31.82	9.69	39.26	60.55	0.19
	2013	99.46	0.54	0.03	37.51	62.46	50.04	40.54	9.42	59.85	30.80	9.35	40.58	59.27	0.15
	2014	99.40	0.60	0.03	39.27	60.70	48.84	40.23	10.93	59.18	31.45	9.37	41.23	58.61	0.16
	2015	99.20	0.80	0.04	43.74	56.22	49.58	41.30	9.12	61.34	30.49	8.17	40.73	59.15	0.12
	2016	99.14	0.86	0.04	46.12	53.84	49.20	43.64	7.16	62.40	29.98	7.62	40.60	59.29	0.11
	2017	99.22	0.78	0.04	46.69	53.27	46.92	44.57	8.51	60.49	31.41	8.10	41.57	58.29	0.14

• 数据来源：UN Comtrade，http://comtrade.un.org/db/。

五、结论性评述

本章在整体上分析中国贸易结构和贸易竞争力变化的基础上，鉴于生产链节国际分散的实际情况，从中间品贸易的视角，分析中国中间品贸易技术构成及排放结构的变化趋势，并与日本、美国进行横向比较。

从贸易整体情况来看，中国对外贸易快速发展，贸易结构持续优化、贸易竞争力不断增强，但经济发展对能源进口的依赖程度不断提高。

鉴于生产链节国际分散的国际分工新形态，从中间品的视角构建指标分析中间品的贸易竞争力和技术构成。中国中间品贸易快速增长，增长速度高于最终品贸易。中国高技术中间品的出口所占比例较高，但高度依赖高技术中间品进口；中等技术中间品和低技术中间品出口所占的比例不断提高，对进口的依赖程度较低；初级中间品和资源型中间品贸易出口所占的比例不断下降，而进口所占的比例则持续提高。中国在低技术中间品上具有较强的贸易比较优势，中等技术中间品和高技术中间品的贸易比较优势相对较低，但呈现上升趋势。与日本、美国相比，中国在中等技术中间品和高技术中间品上的贸易比较优势较低，而在低技术中间品上具有较强的贸易比较优势。

从中间品贸易的排放结构来看，中国更多地进口高技术低排放中间品，出口高技术中等排放中间品。而美国则更多地进口排放密度更高的高技术中间品，日本和美国类似，有明显的向高技术低排放中间品集聚的趋势。

第四章
中国贸易的排放结构特征

环境要素定价机制通过要素结构效应、技术效应和产业集聚效应三个路径影响经济的 CO_2 排放水平。这部分通过纵向和横向比较，量化分析环境要素价格低估是否导致中国较高的 CO_2 排放水平和高排放出口结构？与发达国家相比，中国的 CO_2 排放处于怎样的水平，贸易是否导致中国 CO_2 排放规模的扩大？

一、环境要素定价对 CO_2 排放的影响机制及测度

这部分分析环境要素定价机制对经济 CO_2 排放水平的影响机制，并构建量化测度指标。

（一）环境要素定价影响 CO_2 排放的内在机制

环境要素随着其稀缺性日益凸显而从公共资源转变为需要支付对价的生产要素，在实践中通过排放标准、排污收费等环境规制体系来实现其定价。高标准的环境规制意味着环境要素的价格较高，使用环境要素需要支付较高的对价。环境要素定价通过要素结构效应、技术效应和产业集聚效应三个路径影响国民经济的 CO_2 排放水平。

1. 要素结构效应

环境要素定价机制决定环境要素的价格，并通过影响不同生产要素的相对价格，使得生产所使用的不同要素所占比例即要素结构发生变化。CO_2 排放有多种来源，而石化能源消费是其中最为主要的来源，也是人类经济活动引起、可量化测度并通过技术创新等可予以控制的排放。在环境要素定价机制下，能源在生产和消费过程中需要对产生的 CO_2 排放等环境影响支付相应的对价，这会提高能源利用的实际成本。而能源作为一种生产要素，实际成本的变化必然会使其与其他要素之间的价格对比发生变化，使得不同生产要素之间产生替代效应，改变生产的要素投入结构，从而影响经济的能源消耗及 CO_2 排放密度。

2. 技术效应

环境要素定价的变化通过影响技术创新的方向及能源利用效率而影响 CO_2 排放。提高环境要素价格有利于促进能源节约型技术的创新发展，提升能源利用效率，从而降低经济的能源消耗强度及 CO_2 排放密度。Sabuj(2010)以印度水泥业为例实证分析指出，严格的环境规制可以提高能源利用效率，减少污染及排放。Bi 等(2014)比较分析中国环境标准调整前后火力发电站全要素生产率的变化发现，控制主要污染物的措施可以同时提高能源利用效率。周肖肖等(2015)认为环境标准的变化通过技术效应与结构效应两个路径影响能源消耗，在此基础上，他们利用中国省级层面的数据分析指出，环境标准与人均能源消费之间存在"倒 U"形关系，只有超过一定的门槛值，环境规制的节能效应才能显现。

3. 产业集聚效应

在开放经济条件下，全球价值链分工不断深化，推动不同产业、不同价值链节在环境要素价格不同的国家集聚。环境标准高的国家对高能耗产业或价值链节的吸引力低，而更多地集聚低能耗价值链节的生产，从而降低该国经济的排放密度。

在实际经济指标上，要素结构效应和技术效应体现为单位产出能源消耗以及 CO_2 排放的变化，本书用 CO_2 排放密度来衡量。产业集聚效应则体现为经济结构的变化。经济结构的变化体现为两个层面：一是国内产业结构，也就是高排放行业在国民经济中所占的比例。二是国际价值链分工，也就是完全排放密度中国内排放所占的比例。在开放经济条件下，一国生产产品需要同时消耗国内中间品和进口中间品，而国内中间品投入会增加国内的排放水平。因此，这一指标是价值链节国际分工条件下，环境标准差异对产业链节集聚的影响在 CO_2 排放上的反映。

(二) 测度指标及方法

1. 直接排放密度

由于不同能源的能量密度及化学构成存在差异，因此不同能源提供相同能量所排放的 CO_2 也不同；如果技术水平不同，则能源利用效率及生产本身的能耗水平也不同。因此 CO_2 直接排放密度这一指标实际上隐含了能源消费结构、能源利用效率以及产业技术水平的差异，是要素结构效应和技术效应在 CO_2 排放上的综合反映。CO_2 直接排放密度用单位产出的 CO_2 排放量衡量。

2. 完全排放密度

在价值链国际分工不断深化的背景下，一国的产出在使用国内中间品，引起国内 CO_2 排放的同时，还通过进口中间品等引起境外的 CO_2 排放。环境要素价格差异对价值链分工的影响在 CO_2 排放上体现在产品的完全排放中国内排放所占比例的不同。本书利用非竞争型投入产出表，计算 CO_2 完全排放密度中国内排放所占的比例，并通过与日本、美国的横向比较，分析中国 CO_2 完全排放密度的变化基于日本和美国存在的差异。完全排放密度指生产单位产品的国内排放及所消耗进口中间品的国际排放，国内完全排放密度指生产单位产品的国内排放。$E=C^d(I-A)^{-1}$ 表示行业完全排放密度向量、$E^d=C^d(I-A^d)^{-1}$ 表示行业国内完全排放密度向量。其中，A 表示直接消耗系数矩阵，包括国内中间投入和进口的中间投入，①A^d 表示国内直接消耗系数矩阵，仅包括国内的中间投入，I 表示单位矩阵，$(I-A)^{-1}$表示里昂惕夫逆矩阵。E^d/E 表示国内排放在完全排放中所占的比例，E^d/E 的值越小，说明国内排放在完全排放中所占的比例越低，也意味着进口中间品排放所占的比例越高。

3. 贸易隐含 CO_2 排放的计算

在开放经济条件下，一国可以通过国际贸易来改变本国的生产布局，进而影响本国的 CO_2 排放。国际贸易隐含的 CO_2（CO_2 Embodied in Trade）指的是出口产品所隐含的本国 CO_2 排放和进口产品所替代的本国 CO_2 排放。因此，出口隐含的 CO_2 排放 $C^{ex}=E^d\times EX$，进口隐含的 CO_2 排放 $C^{im}=E^d\times IM$。其中，EX 表示分行业出口贸易向量，IM 表示分行业的进口贸易向量。如果 $C^{ex}>C^{im}$，表示出口隐含的 CO_2 排放大于进口所替代的 CO_2 排放，贸易增加了国内的 CO_2 排放规模；如果 $C^{ex}<C^{im}$，表示贸易减少国内的 CO_2 排放规模。

（三）数据说明

为了更客观地把握中国 CO_2 排放的情况，需要选取样本进行横向的跨国比较。日本在节能减排、环境保护方面走在世界前列，是世界上环境标准最高的国家之一，也是世界上最早核准《京都议定书》的国家之一，日本在 2014 年如

① 从进口替代的角度来看，进口中间品隐含的 CO_2 排放相当于节省了国内生产所排放的 CO_2，因此假设进口中间品的排放密度和进口国的排放密度相同，即假设中国进口中间品的排放密度和中国国内的排放密度相同。

期完成《京都议定书》的减排目标。美国是世界上最发达的国家，科技创新走在世界前列，2009 年之前一直是世界最大的 CO_2 排放国，但也是世界上少数未核准《京都议定书》的发达国家。故本书选择日本和美国来进行比较分析。

基于统一统计框架下跨国比较的考虑，本课题研究采用 WIOD(World Input-Output Database)数据库的数据。WIOD 数据库环境项目的 CO_2 排放根据各国化石能源的消费量和联合国 IPCC 测算的不同石化能源的 CO_2 排放密度计算得来。为了剔除价格因素的影响，本书研究利用 WIOD 数据库的价格指数将产出平减成以 2000 年价格计算的数值。目前，虽然 WIOD 数据库的国家投入产出表数据已更新至 2014 年，但环境项目下能源消费产生的 CO_2 排放数据仅更新至 2009 年。因此，由于数据可得性的原因，这一研究的时间区间为 1995 年至 2009 年。

二、中国 CO_2 排放密度的变化及与日本、美国的比较

这部分分析中国经济的 CO_2 排放密度的变化，并与日本、美国进行比较。

(一) 中国 CO_2 排放密度及结构变化

中国经济的 CO_2 排放密度不断下降，但高排放行业产出所占比例较高。

1. CO_2 直接排放密度不断下降

在 1995 年至 2009 年期间，CO_2 直接排放密度呈现明显的下降趋势，全行业的 CO_2 直接排放密度从 1995 年的 1.336 下降至 2009 年的 0.566。排放密度最高的三个行业，即“非金属矿物制品业”“金属制品业”和“化学工业”的下降幅度尤为明显。排放密度最低的三个行业，即“皮革及其制品业”“电气机械业”“交通设备业”2009 年的直接排放密度分别降至 0.028 和 0.011、0.04。这说明随着中国对环境影响关注程度的不断提高，全行业的节能减排措施均取得了显著效果，这是环境标准的日益强化背景下技术进步、能源消费结构优化共同作用的结果。这也意味着 CO_2 排放总量的不断增加，主要是经济快速发展带动经济规模不断扩大的结果(具体参考图 4-1、表 4-1)。

值得注意的是，中国直接排放密度的下降趋势在 2003 年、2004 年出现波折，2004 年大部分行业的排放密度均明显提高。这可能与中国 2003 年前后经济发展出现的重工业化趋势有关。2003 年开始，中国出现明显的投资过热，而这一轮的投资过热与以往不同，具有明显的“重工业化”特征，钢铁、有色

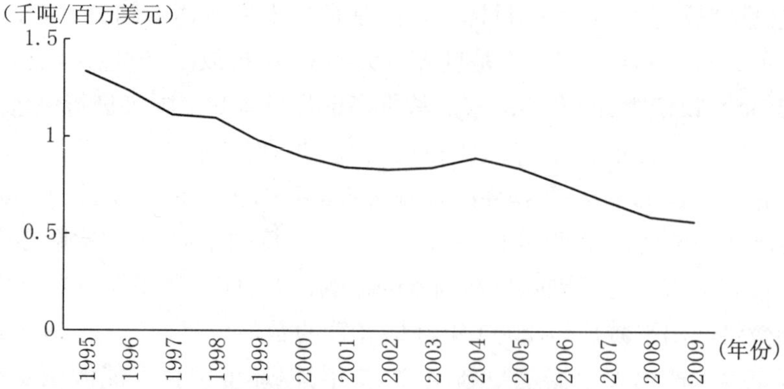

图 4-1　中国经济 CO_2 直接排放密度的变化

• 数据来源：WIOD(World Input-Output Database)，http://www.wiod.org/release13。

表 4-1　中国分行业 CO_2 直接排放密度的变化　　单位：千吨/百万美元

行业＼年份	1995	1996	1997	1998	1999	2000	2001	2002	2003	2004	2005	2006	2007	2008	2009
S1	0.426	0.408	0.398	0.393	0.379	0.302	0.295	0.299	0.317	0.350	0.355	0.341	0.305	0.228	0.219
S2	1.374	1.352	1.143	1.255	1.010	0.909	0.971	0.983	1.006	0.973	1.001	0.929	0.868	1.032	0.790
S3	0.683	0.511	0.413	0.457	0.372	0.284	0.270	0.245	0.205	0.215	0.184	0.141	0.117	0.122	0.113
S4	0.556	0.400	0.365	0.350	0.260	0.216	0.195	0.170	0.164	0.192	0.154	0.120	0.099	0.087	0.078
S5	0.157	0.118	0.105	0.107	0.088	0.073	0.064	0.057	0.057	0.068	0.054	0.043	0.036	0.032	0.028
S6	0.488	0.317	0.259	0.279	0.211	0.159	0.145	0.131	0.138	0.160	0.136	0.102	0.081	0.080	0.073
S7	1.145	0.931	0.726	0.715	0.523	0.502	0.460	0.436	0.369	0.392	0.308	0.278	0.219	0.242	0.219
S8	1.381	1.349	1.342	1.290	1.053	0.996	0.868	0.758	0.837	0.780	0.752	0.796	0.644	0.585	0.552
S9	2.426	2.092	1.669	1.641	1.253	1.263	1.045	0.943	0.868	0.782	0.779	0.688	0.559	0.577	0.470
S10	0.743	0.572	0.387	0.372	0.287	0.212	0.183	0.150	0.146	0.190	0.148	0.111	0.088	0.089	0.076
S11	4.657	3.960	3.436	3.608	3.163	2.889	2.622	2.607	2.689	3.300	2.815	2.487	2.045	2.088	1.962
S12	2.235	1.885	1.675	1.591	1.400	1.283	1.198	1.209	1.138	1.159	1.178	0.895	0.792	0.686	0.608
S13	0.600	0.553	0.427	0.381	0.278	0.194	0.166	0.144	0.116	0.107	0.091	0.073	0.058	0.056	0.055
S14	0.184	0.163	0.121	0.102	0.073	0.051	0.042	0.036	0.027	0.024	0.020	0.016	0.013	0.012	0.011
S15	0.376	0.334	0.269	0.253	0.214	0.162	0.137	0.102	0.071	0.086	0.071	0.061	0.043	0.041	0.040
S16	1.055	0.771	0.528	0.526	0.401	0.291	0.245	0.200	0.170	0.203	0.149	0.100	0.076	0.075	0.068

• 注：WIOD数据的投入产出表等数据包括国民经济的 35 个行业，此处限于篇幅，仅列出农业、矿业和制造业的计算结果。为便于列表，行业名称用代码表示。S1：农业；S2：矿业；S3：食品业；S4：纺织业；S5：皮革及其制品业；S6：木材及木制品业；S7：造纸业；S8：石油加工业；S9：化学工业；S10：橡胶塑料业；S11：非金属矿物制品业；S12：金属制品业；S13：机械工业；S14：电气机械业；S15：交通设备业；S16：其他制造业。本章下表同。

数据来源：WIOD，http://www.wiod.org/release13。

金属、化工、建材等重化工业出现了 20 多年来罕见的高增长。[①]"重工业化"的投资热潮以及快速增长，推动了经济整体排放密度的提高。

2. 完全排放密度大幅度高于直接排放密度，但下降趋势明显

1995 年"非金属矿物制品业""金属制品业"和"化学工业"这三个直接排放密度最高的行业也是完全排放密度最高的行业。这三个行业的完全排放密度不断下降，尤其是化学工业。到 2009 年，"非金属矿物制品业""金属制品业"仍然是完全排放密度最高的两个行业，而"化学工业"的完全排放密度被"石油加工业"超过，不再属于三大高排放行业（见表 4-2）。从不同行业的完全排放密度来看，行业生产链节的可分割程度越高，与其他行业之间的关联度越高，单位产出隐含的其他行业 CO_2 排放也就越高。1995 年，"皮革及其制品业""机械工业""电气机械业""交通设备业"四个直接排放密度最低行业隐含其他行业排放的比例最高，而且这一比例不断提高。2009 年，这四个行业

表 4-2　中国分行业 CO_2 完全排放密度的变化　单位：千吨/百万美元

行业＼年份	1995	1996	1997	1998	1999	2000	2001	2002	2003	2004	2005	2006	2007	2008	2009
S1	1.899	1.663	1.599	1.592	1.494	1.388	1.313	1.317	1.355	1.375	1.360	1.277	1.112	0.921	0.859
S2	4.502	4.290	3.877	4.023	3.533	3.252	3.156	3.139	3.457	3.598	3.721	3.628	3.292	3.123	2.791
S3	2.974	2.264	2.066	2.100	1.894	1.729	1.620	1.577	1.583	1.617	1.585	1.475	1.291	1.120	1.040
S4	3.635	2.621	2.339	2.365	2.144	2.099	1.992	1.995	2.106	2.244	2.223	2.081	1.826	1.557	1.417
S5	2.541	2.055	1.867	1.886	1.738	1.675	1.567	1.545	1.636	1.741	1.720	1.596	1.401	1.209	1.103
S6	3.837	2.688	2.419	2.529	2.303	2.191	2.075	2.091	2.190	2.252	2.233	2.096	1.815	1.586	1.495
S7	5.025	3.930	3.487	3.384	2.862	2.705	2.478	2.409	2.518	2.690	2.649	2.584	2.264	2.038	1.891
S8	5.317	4.896	4.679	4.801	4.217	3.880	3.740	3.680	4.032	4.020	4.037	3.912	3.458	3.148	2.954
S9	7.015	6.155	5.482	5.524	4.778	4.640	4.237	4.136	4.259	4.230	4.263	4.066	3.534	3.195	2.918
S10	5.743	4.129	3.665	3.658	3.251	3.086	2.852	2.804	3.021	3.202	3.235	3.099	2.724	2.418	2.227
S11	9.787	8.009	7.250	7.502	6.687	6.183	5.743	5.745	6.188	7.038	6.533	6.052	5.172	4.871	4.565
S12	8.663	6.720	6.319	6.273	5.631	5.175	4.865	4.883	4.994	5.107	5.141	4.602	4.053	3.536	3.279
S13	5.059	3.932	3.527	3.557	3.200	2.956	2.788	2.781	2.922	3.084	3.123	2.867	2.528	2.207	2.069
S14	4.740	3.670	3.379	3.296	2.883	2.625	2.421	2.368	2.526	2.721	2.775	2.565	2.285	2.006	1.854
S15	4.652	3.653	3.381	3.339	2.984	2.732	2.501	2.400	2.453	2.660	2.678	2.473	2.158	1.887	1.759
S16	4.704	3.336	2.793	2.773	2.427	2.219	2.040	1.980	2.057	2.178	2.125	1.938	1.681	1.468	1.355

• 数据来源：WIOD, http://www.wiod.org/release13。

① 刘世锦(2003)在分析在新一轮经济增长中起主导作用的高增长产业特征的基础上，提出中国经济正在进入一个新的重化工业阶段。

完全排放密度与直接排放密度之比均超过 35 倍。这也意味着这些行业随着价值链分工的不断细化，对其他行业中间品投入利用程度的提高可能是其直接排放密度下降的原因之一。

同样地，完全排放密度的下降趋势也在 2003 年、2004 年出现波折，大部分行业的完全排放密度在这两年明显提高，这可能也与中国经济出现的重化工业化特征有关。重化工业的投资热潮推动高能耗、高排放重化工业的规模扩张，带动产出的快速增长及其产品相对价格的下降，使得其他行业更多地投入这些行业生产的高排放中间品，推高了相关行业的完全排放系数。

3. 隐含国外 CO_2 排放所占的比例有所提高，参与国际垂直专业化分工程度逐渐深入

隐含国外 CO_2 排放所占的比例反映该行业对进口中间品的依赖程度以及参与国际垂直化分工的程度。除了“纺织业”“皮革及其制品业”“木材及木制品业”这三个行业外，其他行业单位产出隐含国外 CO_2 排放均有所提高。“电气机械业”的直接排放密度最低，但隐含国外 CO_2 排放所占的比例最高，2009 年达到 32.34%。“电气机械业”在中国属于技术含量较高的行业，其较高

表 4-3　中国分行业国内完全排放占比的变化　　单位：%

行业＼年份	1995	1996	1997	1998	1999	2000	2001	2002	2003	2004	2005	2006	2007	2008	2009
S1	84.87	86.55	86.28	87.89	87.65	84.82	86.29	85.80	83.60	81.63	81.57	81.89	82.60	81.81	85.20
S2	90.92	91.49	91.01	92.71	92.21	90.71	91.71	91.44	89.80	87.50	87.17	87.00	87.17	88.04	89.76
S3	86.99	88.35	87.92	89.49	88.85	86.08	87.14	86.36	83.59	81.37	80.92	80.52	80.89	80.60	84.03
S4	77.18	78.86	78.61	80.22	78.54	75.91	77.51	76.71	75.38	73.64	74.31	75.37	76.84	77.64	81.43
S5	73.00	76.12	76.20	78.04	76.52	73.08	74.46	73.22	71.47	68.90	69.86	70.85	72.44	72.92	77.57
S6	80.54	83.22	83.95	85.62	84.11	81.51	83.13	81.92	79.83	77.70	77.18	77.25	77.43	78.64	82.29
S7	85.33	86.67	86.26	86.90	85.01	82.94	84.18	83.04	80.42	78.22	77.56	77.44	77.20	78.68	81.83
S8	81.52	82.76	83.59	87.77	85.48	74.77	80.08	79.92	75.43	71.64	68.81	64.76	67.07	61.43	71.25
S9	88.19	88.59	87.81	88.76	87.50	85.33	86.13	84.96	82.42	79.49	78.96	78.46	79.17	78.99	82.90
S10	80.04	81.44	80.29	81.68	80.42	77.42	79.03	77.52	74.72	71.81	71.23	71.54	72.53	73.52	77.74
S11	93.87	94.49	93.97	94.81	94.31	93.17	93.46	93.00	91.99	91.62	90.79	90.48	90.40	90.96	92.61
S12	87.89	89.18	89.13	89.98	89.52	87.48	87.87	86.99	84.19	81.63	81.18	81.10	80.22	79.10	82.49
S13	82.16	84.15	82.38	84.80	83.67	80.52	81.16	79.37	75.62	70.63	71.01	71.71	71.73	74.09	77.94
S14	73.45	75.68	75.72	76.99	73.99	68.96	69.65	66.36	61.02	56.49	56.47	57.98	59.30	62.39	67.66
S15	79.62	81.83	80.69	83.45	82.30	79.37	79.82	77.86	72.65	68.03	68.34	68.54	68.95	71.26	75.15
S16	82.35	84.48	83.91	85.18	83.71	80.69	81.87	80.38	77.76	75.88	75.29	75.38	75.53	76.40	80.00

• 数据来源：WIOD，http://www.wiod.org/release13。

的国外排放占比也从另一层面说明中国“电气机械业”的发展较大程度地依赖高技术中间品的进口。排放密度最高的“非金属矿物制品业”，其隐含的国外排放最低，且在考察期间变化幅度相对较小，均低于10%（见表4-3）。这说明这个排放密度最高的行业较低地依赖中间品进口，生产这个产品的CO_2排放大部分在中国国内发生。

4. 高排放行业的产出所占比例较高

三个CO_2排放密度最高的行业，即“非金属矿物制品业”“金属制品业”和“化学工业”的产出1995年在总产出中所占的比例为15.37%，2002年此比例最低，为14.74%，之后随着重化工业的投资高潮及规模扩大，该比例又开始上升，2009年达到17.94%。[①]实际上，中国水泥（“非金属矿物制品业”主要产品）和粗钢（“金属制品业”的主要产品）的产量已经多年位列世界第一。2017年，中国水泥产量为23.3亿吨，在世界总产量中所占的比例超过50%，粗钢产量为8.3亿吨，在世界总产量中所占的比例达到49.2%。[②]

（二）日本CO_2排放密度及结构变化

日本经济的CO_2排放密度较低，隐含的CO_2排放比例明显提高，高排放行业产出所占比例较低。

1. 日本CO_2排放密度较低，但多数行业的排放密度并没有显现明显的下降趋势

日本经济整体的排放密度在考察期间呈现“倒U”形变化趋势，2009年直接排放密度仅为0.098，与1995年相比，下降幅度较小。这可能是因为日本经济在1995年已经进入后工业化时代，排放密度的提升空间有限，而人工成本高涨推动的机械化程度的提高反而可能增加经济的能耗，推高排放密度。同时，日本可再生能源成本太高，光伏发电在再生能源固定价格收购制度（FIT）下成本居高不下，推广应用面临较高的成本障碍。2009年，日本排放密度最高的行业是“非金属矿物制品业”，排放密度为0.953，比1995年有所提高；排放密度最低的行业是“机械工业”和“电气机械业”，排放密度分别为0.011和0.009，比1995年均有所下降（具体参考图4-2、表4-4）。

---

① 数据来源：WIOD，http://www.wiod.org/release13。

② 中国水泥产量自1985年起连续位居世界第一。数据来源：水泥数据来自历年《中国统计年鉴》；钢铁数据来自Worldsteel，《世界钢铁统计数据2018》，https://www.worldsteel.org/。

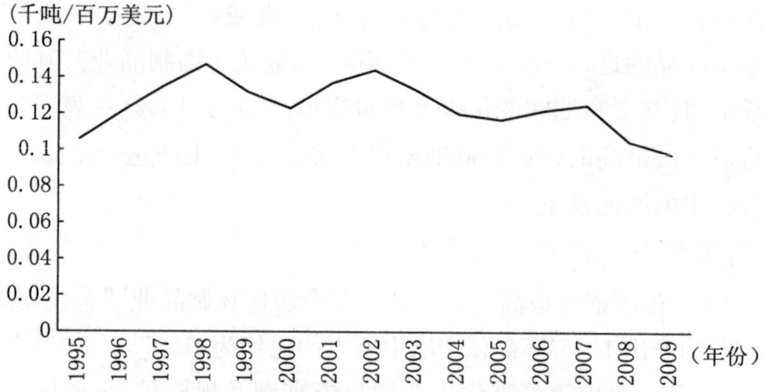

图 4-2　日本经济 CO_2 直接排放密度的变化

· 数据来源:WIOD, http://www.wiod.org/release13。

表 4-4　日本分行业 CO_2 直接排放密度的变化　　单位:千吨/百万美元

年份 / 行业	1995	1996	1997	1998	1999	2000	2001	2002	2003	2004	2005	2006	2007	2008	2009
S1	0.168	0.200	0.209	0.225	0.188	0.160	0.181	0.172	0.164	0.157	0.146	0.141	0.132	0.102	0.097
S2	0.501	0.602	0.747	0.779	0.774	0.619	0.847	0.922	0.912	0.963	0.966	1.026	1.090	1.053	0.980
S3	0.040	0.046	0.052	0.057	0.048	0.045	0.051	0.052	0.047	0.044	0.043	0.044	0.041	0.035	0.032
S4	0.046	0.053	0.068	0.090	0.084	0.079	0.091	0.101	0.091	0.100	0.090	0.082	0.071	0.055	0.053
S5	0.037	0.044	0.055	0.073	0.067	0.064	0.070	0.072	0.063	0.062	0.054	0.050	0.041	0.033	0.031
S6	0.043	0.048	0.064	0.084	0.071	0.072	0.078	0.080	0.074	0.075	0.066	0.063	0.058	0.043	0.041
S7	0.108	0.125	0.140	0.131	0.120	0.116	0.127	0.134	0.123	0.112	0.110	0.115	0.112	0.094	0.090
S8	0.246	0.275	0.314	0.336	0.308	0.283	0.316	0.335	0.322	0.303	0.308	0.324	0.334	0.293	0.267
S9	0.209	0.241	0.258	0.280	0.267	0.253	0.275	0.279	0.243	0.232	0.232	0.251	0.249	0.191	0.197
S10	0.031	0.036	0.044	0.056	0.051	0.046	0.050	0.049	0.039	0.033	0.031	0.029	0.025	0.020	0.019
S11	0.909	1.052	1.133	1.197	1.089	1.034	1.169	1.230	1.164	1.047	1.092	1.136	1.043	0.922	0.953
S12	0.249	0.309	0.342	0.375	0.377	0.387	0.406	0.463	0.441	0.386	0.331	0.351	0.361	0.322	0.289
S13	0.028	0.030	0.026	0.024	0.020	0.017	0.019	0.021	0.016	0.014	0.013	0.012	0.011	0.010	0.011
S14	0.028	0.032	0.029	0.027	0.023	0.019	0.022	0.022	0.018	0.015	0.013	0.012	0.011	0.009	0.009
S15	0.014	0.019	0.023	0.030	0.027	0.025	0.029	0.030	0.026	0.025	0.023	0.021	0.017	0.012	0.013
S16	0.068	0.081	0.099	0.131	0.119	0.111	0.115	0.114	0.101	0.097	0.088	0.086	0.075	0.060	0.060

· 数据来源:WIOD, http://www.wiod.org/release13。

2. 完全排放密度大幅度高于直接排放密度,且在考察期间有所上升

在考察期间,日本的 CO_2 完全排放密度呈现先升后降的"倒 U"形变化趋势,与 1995 年相比,所有行业在 2009 年的完全排放密度均有所上升。1995

年，只有“非金属矿物制品业”的完全排放密度超过1，而在2009年，“矿业”“石油加工业”“非金属矿物制品业”三个行业的完全排放密度超过1(见表4-5)。2009年，完全排放密度最低的是“食品业”和“皮革及其制品业”，而非直接排放密度最低的是“机械工业”和“电气机械业”。这也反映日本这两类行业价值链分工特性，“食品业”和“皮革及其制品业”对其他行业中间品的依赖程度较低，而“机械工业”和“电气机械业”则较多地使用了其他行业的中间品。

表4-5　日本分行业 CO_2 完全排放密度的变化　　单位：千吨/百万美元

行业＼年份	1995	1996	1997	1998	1999	2000	2001	2002	2003	2004	2005	2006	2007	2008	2009
S1	0.296	0.335	0.373	0.394	0.339	0.304	0.350	0.347	0.331	0.329	0.343	0.369	0.371	0.355	0.296
S2	0.806	0.956	1.163	1.247	1.175	0.995	1.334	1.483	1.456	1.585	1.713	1.941	2.078	2.216	1.931
S3	0.207	0.233	0.265	0.279	0.241	0.223	0.253	0.261	0.245	0.236	0.251	0.278	0.291	0.294	0.241
S4	0.205	0.234	0.282	0.320	0.298	0.289	0.339	0.360	0.342	0.348	0.369	0.389	0.397	0.367	0.285
S5	0.175	0.202	0.242	0.277	0.249	0.240	0.269	0.280	0.258	0.238	0.243	0.270	0.273	0.276	0.240
S6	0.241	0.280	0.320	0.358	0.314	0.310	0.346	0.361	0.348	0.340	0.341	0.388	0.419	0.422	0.331
S7	0.282	0.331	0.373	0.382	0.349	0.342	0.380	0.401	0.371	0.338	0.344	0.403	0.441	0.439	0.326
S8	0.556	0.677	0.806	0.857	0.811	0.797	0.979	1.023	1.039	1.088	1.256	1.462	1.548	1.591	1.302
S9	0.474	0.556	0.619	0.666	0.610	0.611	0.681	0.692	0.639	0.634	0.708	0.841	0.869	0.856	0.674
S10	0.260	0.296	0.346	0.375	0.343	0.337	0.396	0.404	0.364	0.329	0.362	0.429	0.457	0.461	0.392
S11	1.231	1.402	1.553	1.641	1.490	1.407	1.603	1.683	1.589	1.440	1.530	1.637	1.584	1.538	1.486
S12	0.580	0.693	0.780	0.849	0.812	0.830	0.903	1.018	0.966	0.925	0.881	1.011	1.093	1.113	0.903
S13	0.217	0.239	0.271	0.283	0.263	0.255	0.296	0.326	0.297	0.284	0.286	0.330	0.361	0.363	0.298
S14	0.198	0.234	0.258	0.270	0.246	0.235	0.292	0.307	0.281	0.265	0.278	0.312	0.340	0.372	0.303
S15	0.212	0.248	0.300	0.308	0.281	0.294	0.331	0.331	0.324	0.313	0.320	0.357	0.370	0.419	0.330
S16	0.252	0.295	0.348	0.390	0.357	0.340	0.366	0.371	0.350	0.338	0.351	0.418	0.451	0.473	0.381

• 数据来源：WIOD, http://www.wiod.org/release13。

3. 隐含国外 CO_2 排放所占的比例明显提高

日本所有行业在考察期间隐含国外排放的比例均明显提高，除“非金属矿物制品业”外，其他行业完全排放中国内排放所占的比例均小于80%。这可能是因为日本受国内劳动力等成本提高的影响，加上《京都议定书》对碳排放的约束，产业转移步伐不断加快，[①]一些国内生产被进口中间品所替代。“石油加工业”隐含国外排放的比例最高，且增长速度最快。“机械工业”“电

① 1996年，日本的海外投资余额为2 586.53亿美元；2014年，日本的海外直接投资余额达到12 015.06亿美元。数据来源：日本贸易振兴机构的直接投资统计。https://www.jetro.go.jp/world/japan/stats/fdi.html。

气机械业”这两个生产分散程度最高的行业，排放密度较低，国内排放所占比例也较低。这也反映了日本向海外转移生产、进口中间品的产业布局特征。

值得注意的是，“矿业”“石油加工业”两个完全排放密度提高幅度最大的行业也是对进口中间品依赖程度最高的行业，尤其是“石油加工业”，其完全排放密度中本国的排放仅占 34.85%(参考表 4-6)，因此，这两个行业完全排放密度的增加可能是价格相对较低的中间品进口推动的结果。考虑日本这两个行业相对较低的直接排放密度，这实际上是日本大规模地向其他国家转移排放的结果。

表 4-6 日本国分行业国内完全排放占比的变化 单位：%

行业\年份	1995	1996	1997	1998	1999	2000	2001	2002	2003	2004	2005	2006	2007	2008	2009
S1	92.49	91.94	90.28	91.62	91.58	89.98	88.31	87.91	86.84	84.14	79.21	73.96	71.48	62.45	73.38
S2	84.99	84.02	82.97	83.92	85.78	82.43	81.33	80.27	79.08	74.99	69.62	64.82	63.90	56.41	64.90
S3	89.43	87.67	86.62	87.81	88.64	87.66	85.93	85.75	84.56	81.97	77.82	73.31	70.57	62.57	72.97
S4	88.88	87.13	86.82	88.59	88.81	87.47	85.75	85.89	84.71	83.02	78.05	72.79	70.46	62.50	72.84
S5	88.98	87.66	86.87	88.77	89.22	88.26	86.47	86.52	85.41	83.21	78.59	73.46	70.55	62.87	72.60
S6	83.53	81.45	80.41	83.75	84.76	83.36	81.58	81.73	80.62	77.53	73.47	68.31	65.70	59.13	70.49
S7	92.49	91.67	90.80	91.04	91.30	90.32	88.99	88.97	88.15	86.08	82.79	78.62	76.37	68.69	78.78
S8	69.49	63.55	60.32	63.73	62.08	57.81	52.40	52.69	49.09	44.01	38.28	33.40	31.94	25.52	34.85
S9	91.79	90.56	89.04	90.02	90.59	88.94	86.87	86.44	84.27	80.21	74.26	69.09	66.87	57.02	69.87
S10	88.67	87.47	86.13	87.42	87.80	86.32	84.33	83.92	82.23	78.58	73.19	67.89	65.26	56.86	67.95
S11	94.95	94.73	93.19	94.02	94.02	93.68	92.70	92.78	92.34	91.19	88.89	86.33	84.06	77.16	84.25
S12	89.76	89.36	88.07	88.88	89.81	88.94	87.29	87.15	86.50	82.65	77.33	72.67	70.05	62.55	72.60
S13	86.98	85.58	83.62	84.05	84.44	82.31	80.77	80.44	79.22	75.33	70.26	65.10	62.36	56.13	66.38
S14	87.07	85.67	83.46	84.04	84.23	82.02	80.48	80.58	79.56	76.42	71.71	66.52	63.88	57.20	67.35
S15	87.20	85.61	84.22	85.41	85.78	84.04	82.40	82.00	80.95	77.71	72.98	67.71	64.34	57.13	68.24
S16	88.32	87.57	86.17	88.50	88.72	87.48	85.97	85.78	84.46	82.10	77.16	71.68	68.23	60.25	71.07

• 数据来源：WIOD, http://www.wiod.org/release13。

4. 高排放行业产出所占比例较低

日本完全排放密度最高的三个行业是“矿业”“石油加工业”“非金属矿物制品业”。这三个行业的产出在日本总产出中所占的比例在 1995 年仅为 2.77%，2009 年进一步降至 1.94%。而且其中“矿业”和“石油加工业”排放中通过中间品进口替代的国内排放占较高的比例。这说明高排放行业的产出低占比、国内排放低占比这种产业结构及分工结构的优化是日本经济低碳发展的重要原因。

与中国相比，日本的 CO_2 直接排放密度明显较低，但呈“倒 U”形变化趋势，变化幅度较小，而中国在考察期间排放密度大幅下降，使得两国之间的差距不断缩小。1995 年，中国经济整体的 CO_2 直接排放密度是日本的 12.58 倍，而到 2009 年降至 5.78 倍。日本完全排放密度也大幅度低于中国，但在考察期间有所上升，而中国的排放密度则大幅下降，中国和日本之间的差距也明显下降。日本隐含国外 CO_2 排放所占的比例明显提高，尤其是高排放行业，中国与日本的差距有所扩大。也就是说，日本高排放行业更多是通过中间品进口来替代本国的排放。日本高排放行业产出所占比例大幅度低于中国，高排放行业国外排放的占比也明显高于中国，产业结构和分工结构均优于中国。

(三) 美国的 CO_2 排放密度及结构变化

1. 美国的 CO_2 排放密度较低，且整体上呈现持续下降的趋势

从经济整体来看，CO_2 排放密度从 1995 年的 0.299 下降至 2009 年的 0.209(具体参考图 4-3、表 4-7)。从行业层面来看，“食品业”“纺织业”“木材及木制品业”“造纸业”“非金属矿物制品业”“机械工业”的直接排放密度有所上升，其他行业则小幅下降。美国排放密度的变化是低附加值产业链节海外转移、国内产业投资增加、技术升级的双重作用的结果。低附加值产业链节通常技术含量较低、劳动较密集，其排放的密度也相对较低；而技术升级一方面需要更多的投资，会提高排放密度；另一方面会提高效率，降低排放密度。Cole et al.(2005)利用美国的数据分析指出，产业的排放强度与资本密集度高度相关，高排放产业通常也是资本密集型产业。

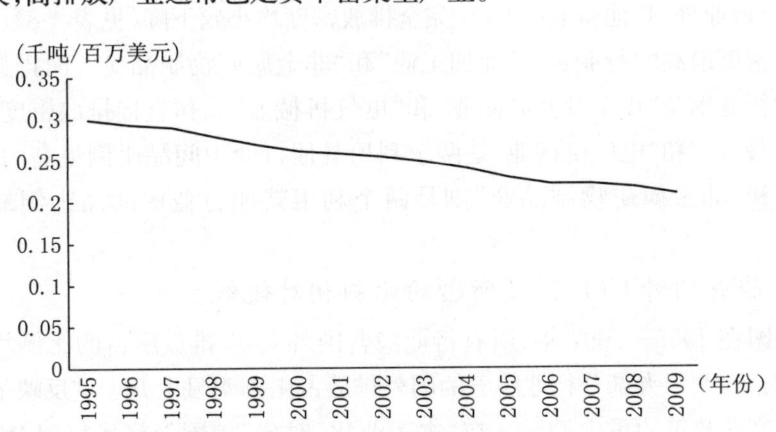

图 4-3 美国经济 CO_2 直接排放密度的变化

• 数据来源：WIOD, http://www.wiod.org/release13。

表 4-7 美国分行业 CO_2 直接排放密度的变化 单位:千吨/百万美元

年份 行业	1995	1996	1997	1998	1999	2000	2001	2002	2003	2004	2005	2006	2007	2008	2009
S1	0.286	0.281	0.267	0.243	0.220	0.226	0.246	0.247	0.213	0.244	0.231	0.239	0.220	0.211	0.193
S2	0.612	0.599	0.746	0.791	0.788	0.613	0.520	0.556	0.539	0.513	0.490	0.474	0.460	0.460	0.512
S3	0.099	0.101	0.105	0.101	0.094	0.104	0.107	0.111	0.113	0.118	0.108	0.119	0.118	0.116	0.105
S4	0.142	0.142	0.135	0.141	0.130	0.139	0.148	0.154	0.144	0.128	0.122	0.135	0.157	0.156	0.171
S5	0.082	0.076	0.061	0.067	0.065	0.062	0.068	0.085	0.072	0.051	0.045	0.045	0.041	0.034	0.035
S6	0.189	0.190	0.189	0.181	0.181	0.155	0.164	0.157	0.142	0.142	0.128	0.130	0.137	0.200	0.190
S7	0.168	0.169	0.153	0.149	0.142	0.175	0.170	0.180	0.183	0.189	0.181	0.191	0.183	0.184	0.189
S8	0.981	0.989	0.985	0.973	0.920	0.922	0.866	0.828	0.888	0.814	0.756	0.789	0.758	0.772	0.737
S9	0.404	0.404	0.314	0.304	0.329	0.458	0.455	0.415	0.403	0.392	0.364	0.339	0.313	0.334	0.316
S10	0.046	0.044	0.042	0.043	0.050	0.046	0.044	0.052	0.050	0.045	0.039	0.039	0.032	0.032	0.038
S11	1.416	1.351	1.346	1.318	1.343	1.364	1.371	1.377	1.360	1.448	1.385	1.447	1.446	1.546	1.558
S12	0.514	0.507	0.497	0.459	0.446	0.470	0.439	0.424	0.412	0.394	0.352	0.349	0.342	0.333	0.290
S13	0.066	0.067	0.065	0.066	0.071	0.069	0.078	0.083	0.067	0.062	0.063	0.066	0.065	0.057	0.072
S14	0.059	0.052	0.047	0.048	0.042	0.034	0.036	0.037	0.030	0.025	0.022	0.019	0.019	0.016	0.016
S15	0.049	0.049	0.045	0.044	0.043	0.053	0.050	0.046	0.043	0.038	0.033	0.037	0.033	0.038	0.038
S16	0.065	0.064	0.060	0.063	0.068	0.061	0.062	0.055	0.053	0.047	0.040	0.037	0.036	0.034	0.036

• 数据来源:WIOD, http://www.wiod.org/release13。

2. 完全排放密度大幅度高于直接排放密度,且在考察期间有所下降

在考察期间,美国除了"木材及木制品业""造纸业"和"非金属矿物制品业"三个行业外,其他行业的 CO_2 完全排放密度均小幅下降(见表 4-8)。2009 年排放密度最高的行业是"石油加工业"和"非金属矿物制品业",而排放密度最低的行业则是"皮革及其制品业"和"电气机械业"。和直接排放密度相比,"橡胶塑料业"和"电气机械业"是两个利用其他行业中间品比例最高的行业,"矿业"和"非金属矿物制品业"则是两个利用其他行业中间品比例最低的行业。

3. 隐含国外 CO_2 排放所占的比例相对较低

美国在 1995—2007 年,所有行业隐含国外 CO_2 排放所占的比例均有所提高,而 2009 年大部分行业隐含的国外排放占比则明显上升。这反映了金融危机后产业政策的重大调整。在"去工业化"时代,美国经济发展对金融、房地产、服务业等领域的依赖不断提高,本土制造业不断向新兴工业化国家转

表 4-8　美国分行业 CO_2 完全排放密度的变化　　单位:千吨/百万美元

行业＼年份	1995	1996	1997	1998	1999	2000	2001	2002	2003	2004	2005	2006	2007	2008	2009
S1	0.818	0.764	0.761	0.704	0.735	0.794	0.843	0.791	0.719	0.718	0.786	0.805	0.779	0.801	0.693
S2	1.018	1.008	1.159	1.192	1.190	1.075	0.962	0.927	0.957	0.935	0.990	0.921	0.922	0.924	0.758
S3	0.694	0.688	0.686	0.631	0.605	0.679	0.720	0.662	0.678	0.708	0.748	0.734	0.779	0.851	0.690
S4	0.685	0.685	0.663	0.627	0.626	0.716	0.759	0.711	0.778	0.651	0.733	0.726	0.721	0.746	0.674
S5	0.554	0.546	0.528	0.494	0.502	0.553	0.580	0.524	0.560	0.516	0.540	0.511	0.474	0.457	0.357
S6	0.797	0.794	0.796	0.741	0.747	0.795	0.814	0.747	0.735	0.719	0.742	0.763	0.786	0.916	0.830
S7	0.629	0.610	0.587	0.546	0.520	0.645	0.688	0.628	0.660	0.636	0.663	0.663	0.688	0.747	0.633
S8	1.789	1.814	1.846	1.707	1.850	1.814	1.599	1.628	1.531	1.423	1.464	1.490	1.496	1.534	1.356
S9	1.076	1.073	0.956	0.885	0.916	1.159	1.148	1.032	1.064	1.059	1.131	1.051	1.067	1.238	0.971
S10	0.692	0.665	0.633	0.578	0.600	0.698	0.732	0.642	0.662	0.638	0.695	0.685	0.713	0.837	0.676
S11	2.197	2.162	2.089	2.040	2.058	2.182	2.233	2.162	2.233	2.335	2.340	2.436	2.411	2.617	2.401
S12	1.182	1.155	1.149	1.054	1.027	1.100	1.123	1.040	1.059	1.043	1.050	1.033	1.078	1.110	0.908
S13	0.547	0.543	0.529	0.471	0.478	0.528	0.545	0.500	0.499	0.486	0.507	0.503	0.533	0.563	0.441
S14	0.472	0.455	0.437	0.397	0.403	0.412	0.435	0.353	0.345	0.316	0.305	0.281	0.329	0.328	0.228
S15	0.543	0.526	0.526	0.487	0.488	0.516	0.530	0.477	0.484	0.485	0.499	0.502	0.515	0.560	0.451
S16	0.533	0.507	0.500	0.469	0.459	0.484	0.497	0.451	0.460	0.440	0.457	0.435	0.454	0.509	0.414

• 数据来源:WIOD, http://www.wiod.org/release13。

移,"产业空心"态势严重。而金融危机爆发后,美国开始意识到实体经济在国民经济中的重要作用,大力推行一些促进"制造业回流"的战略,鼓励和引导海外制造业回流到本土发展,强化在制造业领域的竞争优势。2009 年,隐含国外排放所占比例最低的是"电气机械业"和"交通设备业",但也均低于 30%(表 4-9)。

4. 高排放行业产出所占比例较低

美国完全排放密度最高的三个行业是"石油加工业""非金属矿物制品业"和"金属制品业"。这三个行业的产出在美国总产出中所占的比例在 1995 年仅为 4.59%, 2009 年进一步降至 3.35%。排放密度最高的三个行业产出所占的比例大幅低于中国,但明显高于日本。而与日本不同的是,美国这三个行业隐含的国外排放所占的比例较低。也就是说,美国高排放行业的排放更多是在本国发生。这也从另一个角度验证了美国排放大国的产业结构和分工特征。

表 4-9 美国分行业国内完全排放占比的变化 单位:%

行业＼年份	1995	1996	1997	1998	1999	2000	2001	2002	2003	2004	2005	2006	2007	2008	2009
S1	92.17	92.23	91.85	92.17	91.11	89.47	90.94	91.17	89.98	89.69	87.33	87.34	86.42	83.65	88.14
S2	94.75	94.56	94.91	95.36	95.16	93.37	93.71	94.09	92.68	90.93	89.92	90.03	89.15	88.00	93.32
S3	88.64	88.74	88.62	89.13	88.53	87.32	88.77	89.10	88.78	87.96	86.15	85.81	85.90	84.52	88.20
S4	87.18	86.86	86.49	87.33	86.27	84.67	85.57	86.08	85.15	83.00	81.52	81.29	82.06	80.08	84.56
S5	81.43	81.03	80.34	81.74	80.03	77.21	77.64	80.44	80.74	79.99	75.71	75.28	75.17	73.27	77.06
S6	88.86	88.54	88.23	88.66	87.91	86.52	87.98	88.16	87.67	85.60	84.24	84.05	85.05	85.49	89.25
S7	89.03	89.45	89.24	89.85	89.45	88.54	89.58	90.38	90.17	89.12	88.04	88.08	87.91	86.55	90.29
S8	83.97	83.67	82.00	84.07	81.65	79.64	81.59	80.80	79.98	78.06	76.13	75.53	75.12	72.78	77.45
S9	90.00	89.68	88.72	89.51	88.79	87.34	88.37	88.86	87.19	85.55	83.95	83.53	84.17	81.25	85.83
S10	84.31	83.99	83.84	84.56	83.73	80.65	82.55	82.48	80.86	77.87	76.07	75.85	76.82	73.93	79.15
S11	96.08	95.83	96.00	96.10	95.93	95.11	95.61	95.93	95.62	95.22	94.51	94.45	94.51	94.00	96.08
S12	89.76	89.92	89.72	89.72	89.78	88.52	89.36	89.73	89.63	87.08	85.68	83.73	83.61	82.00	87.13
S13	81.63	81.60	81.39	81.93	81.77	79.15	80.81	81.28	80.15	75.94	74.63	72.85	73.30	71.26	79.01
S14	79.24	79.60	79.63	80.75	79.65	76.66	78.95	79.31	78.99	72.90	71.54	69.75	70.85	69.44	76.41
S15	77.41	77.31	76.94	77.24	76.65	74.83	75.90	76.39	75.75	71.54	70.01	68.42	68.67	67.66	74.51
S16	83.88	83.76	83.30	83.81	83.32	80.93	82.38	82.11	81.38	77.63	76.04	74.67	75.38	73.55	79.45

• 数据来源:WIOD, http://www.wiod.org/release13。

与中国相比,美国的 CO_2 直接排放密度较低,但在考察期间美国排放密度的下降幅度低于中国,两国之间的差距不断缩小。1995 年,中国经济整体的 CO_2 直接排放密度是美国的 4.48 倍,而到 2009 年降至 2.71 倍。美国完全排放密度也大幅度低于中国,但在考察期间下降幅度明显低于中国,中国和美国之间的差距也明显下降。但是与日本不同,美国大部分行业隐含国外 CO_2 排放所占的比例低于中国。美国高排放行业产出所占比例大幅度低于中国,但高排放行业国外排放的占比则低于中国。

三、中国贸易隐含 CO_2 排放及与日本、美国的比较

这部分分析中国贸易隐含 CO_2 排放,并与日本、美国进行比较分析。

(一) 中国贸易隐含的 CO_2 排放

根据投入产出模型,本书对中国各行业出口、进口隐含的 CO_2 排放进

行了估算，估算结果如图 4-4 所示。图 4-4 显示，中国贸易隐含 CO_2 排放呈波动变化，1997 年、1998 年在出口规模快速增长的推动下，贸易的国内净排放大幅度增加。随后开始下降，2003 年在进口大幅增加的推动下，贸易的国内净排放出现负数。之后持续增加，2005 年贸易的国内净 CO_2 排放首次超过亿吨，2007 年达到 3.43 亿吨。由于全球贸易规模受金融危机冲击大幅下挫，中国的贸易增速大幅放缓，2008 年贸易的国内净排放规模开始缩小。

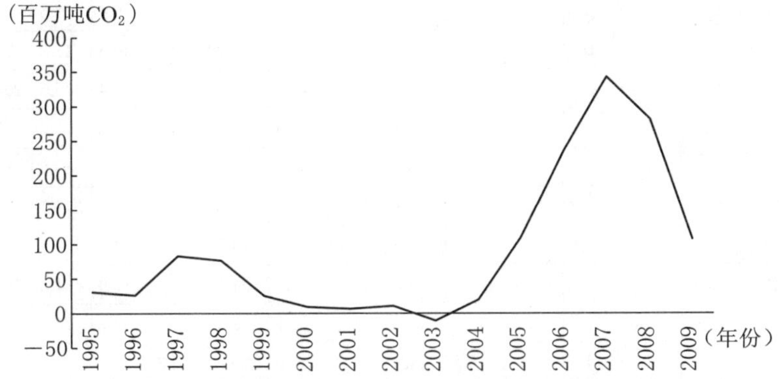

图 4-4　中国贸易隐含 CO_2 排放的变化趋势

• 注：表示全行业贸易所隐含的 CO_2 排放，隐含 CO_2 为正说明出口隐含的 CO_2 排放大于进口隐含的 CO_2 排放，贸易增加国内 CO_2 排放。数据来源：WIOD，http://www.wiod.org/release13。

从行业结构来看，“石油加工业”“化学工业”“非金属矿物制品业”“金属制品业”四个排放密度最高行业的贸易国内净排放除了 2008 年以外，其他年度均为负数。也就是说，除 2008 年外，四个排放密度最高行业的进出口贸易均节省了中国国内的排放。“纺织业”和“电气机械业”是两个贸易引起国内净排放规模最大的行业，这两个行业贸易的国内净排放在 2008 年达到 5.01 亿吨，2009 年降至 4.14 亿吨。“矿业”和“化学工业”是两个贸易节省的国内排放规模最大的行业，2008 年这两个行业贸易节省的国内 CO_2 排放规模达到 6.13 亿吨，2009 年降至 5.06 亿吨。从贸易隐含 CO_2 排放的行业结构来看，中国排放最高行业的贸易节省了中国国内的排放，而中国贸易增加的国内净排放主要来自“纺织业”和“电气机械业”两个排放密度较低的行业。从贸易隐含国内 CO_2 排放的行业结构变化来看，中国并没有成为污染产业的“避难所”。

表 4-10　中国贸易隐含国内 CO_2 排放的变化　　　单位：百万吨 CO_2

行业＼年份	1995	1996	1997	1998	1999	2000	2001	2002	2003	2004	2005	2006	2007	2008	2009
S1 Ex	10.9	8.2	7.1	5.9	5.7	5.8	5.2	6.4	8.5	7.3	9.1	8.9	9.8	8.2	8.7
S2 Ex	16.3	14.9	13.9	10.9	8.7	15.9	17.9	21.2	23.1	25.4	32.4	28.3	24.1	33.3	15.8
S3 Ex	23.3	18.8	19.0	17.8	15.1	14.7	14.5	14.9	17.2	21.0	25.7	30.2	31.7	30.6	28.2
S4 Ex	106.6	76.9	71.4	70.5	65.0	73.9	73.6	80.0	106.0	139.5	179.9	211.1	229.7	218.2	185.5
S5 Ex	17.5	15.1	14.6	14.3	13.3	14.2	14.3	15.2	18.4	22.3	27.3	29.9	31.9	32.2	28.1
S6 Ex	9.1	5.9	5.8	4.6	3.8	3.8	3.8	4.5	5.6	7.9	9.8	11.9	12.5	11.6	9.1
S7 Ex	8.5	7.2	7.2	6.3	4.9	5.5	5.4	6.3	7.0	8.1	8.9	9.4	9.5	9.8	8.6
S8 Ex	4.4	4.6	6.5	6.1	5.9	8.4	10.3	12.9	17.3	22.8	22.1	16.8	18.3	22.9	15.7
S9 Ex	22.2	32.4	53.8	50.2	43.7	47.6	47.0	51.4	70.4	92.3	121.3	139.4	176.3	207.8	156.9
S10 Ex	31.5	26.0	26.9	27.2	24.2	25.8	24.3	25.7	32.6	43.9	58.4	70.8	78.9	81.2	70.1
S11 Ex	35.1	33.3	37.3	35.6	31.7	32.2	28.4	28.3	35.5	51.7	61.4	68.9	69.5	81.9	67.6
S12 Ex	100.7	83.2	90.1	83.8	72.0	81.8	75.1	89.6	126.8	206.3	221.7	279.6	307.1	335.0	203.5
S13 Ex	21.1	18.5	19.4	20.4	20.1	24.1	27.0	33.2	48.2	70.7	96.6	114.4	163.1	182.4	146.1
S14 Ex	118.5	96.4	99.6	109.5	106.4	124.9	125.2	151.0	222.9	334.1	465.3	583.9	661.3	697.6	610.4
S15 Ex	10.0	10.0	11.5	12.8	11.5	13.3	13.0	14.8	23.1	32.8	45.1	57.8	76.1	89.1	74.8
S16 Ex	18.2	13.7	12.3	14.3	15.2	18.1	20.0	27.3	29.5	29.8	36.3	49.0	55.9	60.8	54.7
S1 Im	10.5	8.6	7.6	6.7	7.4	8.8	8.7	8.8	13.4	20.0	22.4	25.5	28.2	31.4	27.4
S2 Im	27.1	28.5	28.0	22.2	25.7	56.1	48.1	50.4	83.7	154.0	234.4	301.4	362.1	563.4	415.5
S3 Im	10.2	9.2	10.0	9.5	8.1	8.2	7.9	8.3	10.6	14.1	15.3	17.4	21.8	24.7	21.9
S4 Im	34.1	24.6	21.9	21.7	21.7	22.9	22.6	23.3	23.6	25.6	23.7	21.4	18.4	16.3	14.2
S5 Im	4.9	3.9	3.5	3.2	3.2	3.5	3.7	3.8	4.4	5.2	5.4	5.8	5.7	5.3	4.4
S6 Im	7.1	3.8	2.6	2.9	3.2	3.4	3.0	3.3	3.8	4.2	4.3	4.3	4.1	3.8	4.0
S7 Im	16.4	13.7	13.2	13.6	13.6	14.0	12.3	12.7	14.4	17.8	18.0	19.2	19.3	19.8	18.3
S8 Im	11.7	14.4	18.5	15.1	16.5	17.6	17.7	18.8	26.5	36.7	41.2	48.4	46.6	59.0	42.4
S9 Im	98.4	99.8	103.3	107.4	104.8	121.1	112.8	129.8	166.3	213.4	255.0	272.3	294.9	291.1	263.5
S10 Im	14.1	11.2	10.8	10.0	9.5	9.1	8.2	8.7	12.3	17.0	20.2	24.8	26.5	26.4	25.8
S11 Im	0.9	0.8	8.9	9.5	9.2	10.7	11.3	13.0	17.3	25.0	25.9	26.2	25.4	26.2	22.4
S12 Im	111.9	86.7	81.9	86.0	83.3	96.5	94.9	117.6	170.5	205.9	225.8	216.0	237.7	225.6	215.8
S13 Im	75.4	61.8	55.6	53.6	51.8	55.0	61.7	74.0	101.0	134.5	139.7	148.9	159.6	167.4	142.5
S14 Im	104.8	82.5	77.2	87.2	96.9	118.3	127.1	154.6	211.7	286.9	348.6	398.5	408.7	398.2	367.4
S15 Im	24.4	18.3	16.3	19.5	15.7	14.3	21.8	22.8	33.6	40.5	44.6	59.0	64.1	68.0	68.9
S16 Im	2.1	3.0	6.4	5.1	4.7	4.7	4.3	4.4	6.0	8.1	9.9	10.1	13.6	12.0	12.6

• 注：Ex 表示出口贸易中隐含 CO_2 排放，Im 表示进口贸易中隐含的 CO_2 排放(本章下表同)。
数据来源：WIOD，http://www.wiod.org/release13。

(二) 日本贸易隐含的 CO_2 排放

日本各行业出口、进口隐含 CO_2 排放的估算结果如图 4-5、表 4-11 所示。分析图 4-5 可以发现,日本贸易隐含的国内净 CO_2 排放从正数转为负数,且规模不断扩大。1995 年日本贸易隐含的国内净排放规模最大,为 1.73 千吨,2001 年在进口大幅增加的推动下,贸易隐含的国内净排放在考察期间内首次出现负数,即日本通过贸易节省了国内的 CO_2 排放。之后贸易节省的国内排放规模不断扩大,2008 年超过亿吨,达到最高水平的 1.72 亿吨。2009 年,金融危机冲击下日本经济出现负增长,进口贸易规模大幅收缩,贸易节省的国内排放规模降至 0.87 亿吨。

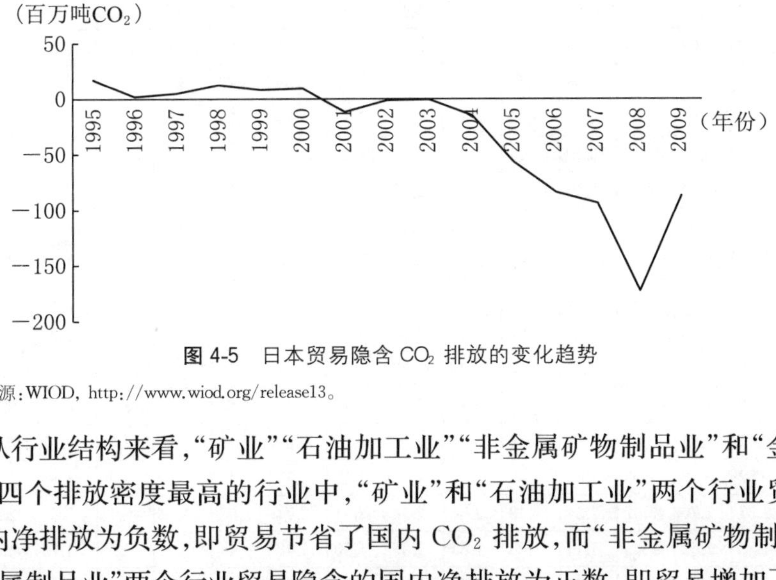

图 4-5　日本贸易隐含 CO_2 排放的变化趋势

• 数据来源:WIOD, http://www.wiod.org/release13。

从行业结构来看,“矿业”“石油加工业”“非金属矿物制品业”和“金属制品业”四个排放密度最高的行业中,“矿业”和“石油加工业”两个行业贸易隐含国内净排放为负数,即贸易节省了国内 CO_2 排放,而“非金属矿物制品业”和“金属制品业”两个行业贸易隐含的国内净排放为正数,即贸易增加了国内 CO_2 排放。“矿业”是日本贸易节省的国内排放的主要来源,“金属制品业”和排放密度较低的“电气机械业”“交通设备业”则是三个贸易隐含国内净排放最高的行业,是日本贸易增加国内排放的主要来源。日本这种高排放行业贸易隐含的大规模国内净排放验证了污染密集度和资本密集度的高度相关,资本充裕的发达国家在此类产品具有更强的竞争优势,成为此类产品的净出口国(Cole et al., 2005)。

与中国相比,日本从 2001 年开始贸易隐含的 CO_2 排放为负,通过贸易节省了大量的国内排放。从行业结构来看,中国两个贸易隐含国内净排放规模最大的行业都是低排放的行业，而日本两个贸易隐含国内净排放规模最大的行业中，有一个是高排放行业。

表 4-11　日本贸易隐含国内 CO_2 排放的变化　　单位：百万吨 CO_2

行业＼年份	1995	1996	1997	1998	1999	2000	2001	2002	2003	2004	2005	2006	2007	2008	2009
S1 Ex	0.11	0.20	0.22	0.17	0.15	0.18	0.12	0.13	0.15	0.17	0.18	0.20	0.22	0.19	0.16
S2 Ex	0.71	0.81	0.88	0.93	0.79	0.70	0.91	1.14	1.20	1.73	2.09	2.20	2.31	3.02	2.29
S3 Ex	0.38	0.35	0.43	0.41	0.37	0.33	0.39	0.42	0.41	0.46	0.50	0.54	0.61	0.61	0.61
S4 Ex	1.22	1.24	1.43	1.47	1.51	1.39	1.59	1.65	1.52	1.72	1.66	1.61	1.63	1.41	1.08
S5 Ex	0.04	0.04	0.04	0.04	0.04	0.04	0.04	0.04	0.03	0.04	0.04	0.04	0.04	0.04	0.03
S6 Ex	0.14	0.14	0.13	0.13	0.13	0.15	0.15	0.16	0.18	0.22	0.23	0.25	0.29	0.30	0.27
S7 Ex	0.67	0.62	0.74	0.70	0.76	0.78	0.71	0.83	0.77	0.80	0.79	0.90	1.06	1.09	0.76
S8 Ex	1.02	1.01	1.20	0.98	0.96	1.15	1.19	1.20	1.23	1.69	3.05	3.89	5.39	9.15	5.71
S9 Ex	13.35	14.03	15.53	15.76	16.05	16.86	16.89	18.19	17.97	20.25	22.96	26.87	29.75	26.34	21.91
S10 Ex	1.94	2.14	2.41	2.56	2.62	2.71	2.76	3.12	3.59	3.88	4.57	5.47	6.38	6.22	5.88
S11 Ex	6.52	6.85	7.04	6.65	6.40	6.90	6.92	7.11	7.17	7.77	8.89	9.90	10.31	9.98	9.44
S12 Ex	26.25	26.37	29.52	30.40	29.14	32.09	32.70	37.27	37.86	43.18	44.74	54.03	64.35	71.14	50.70
S13 Ex	12.03	12.10	12.79	12.10	12.01	13.73	12.07	12.42	13.35	15.54	14.94	16.64	17.48	17.66	11.12
S14 Ex	21.46	22.88	25.27	23.72	23.61	26.18	25.17	26.64	26.41	28.61	28.59	31.00	34.84	35.11	26.62
S15 Ex	17.86	18.42	23.04	23.84	22.96	25.07	25.45	28.03	29.86	31.79	32.90	37.83	41.77	46.08	29.02
S16 Ex	1.15	1.28	1.53	1.78	2.12	1.68	1.51	1.61	1.38	1.46	1.77	1.80	2.11	2.15	1.57
S1 Im	5.94	6.66	6.60	5.88	5.05	4.48	4.56	4.38	4.56	5.03	4.78	4.86	5.28	5.58	4.09
S2 Im	33.52	41.64	51.30	41.02	44.54	52.30	64.07	65.66	77.13	97.49	135.52	173.59	198.27	281.82	168.58
S3 Im	7.82	8.20	8.30	7.92	7.52	6.84	7.54	7.47	7.33	7.63	8.24	8.41	8.66	8.61	7.90
S4 Im	4.41	4.87	5.07	4.98	5.19	5.71	6.35	6.25	6.62	7.42	7.84	7.94	7.92	6.92	6.23
S5 Im	0.82	0.98	1.03	1.02	1.00	1.01	1.12	1.12	1.14	1.19	1.24	1.35	1.38	1.34	1.30
S6 Im	2.37	2.76	3.07	2.34	2.43	2.64	2.58	2.61	2.74	2.97	2.86	3.15	3.31	2.89	2.22
S7 Im	1.58	1.62	1.65	1.44	1.29	1.63	1.37	1.30	1.42	1.44	1.35	1.55	1.70	1.61	1.33
S8 Im	3.62	5.06	5.45	3.79	4.81	6.20	6.20	5.91	6.91	8.11	10.23	12.07	12.54	14.24	9.04
S9 Im	9.16	9.42	10.33	9.85	10.20	11.28	11.80	12.01	12.55	13.87	16.22	18.90	21.02	21.01	18.16
S10 Im	1.21	1.41	1.64	1.48	1.52	1.70	1.89	1.90	1.93	1.90	2.24	2.67	3.16	3.17	2.82
S11 Im	3.71	4.14	4.61	4.03	3.84	4.38	4.60	4.65	4.85	5.08	5.83	6.56	6.36	6.35	5.36
S12 Im	15.07	15.10	17.28	15.26	14.94	19.19	16.90	18.12	20.14	25.54	25.97	33.06	41.45	42.01	22.30
S13 Im	2.27	2.76	2.94	2.77	2.78	3.67	3.51	3.61	4.06	4.71	5.12	5.70	6.05	5.96	4.50
S14 Im	7.24	9.68	10.34	9.67	10.39	12.86	13.91	14.02	14.22	15.26	16.24	18.23	19.76	20.09	16.13
S15 Im	2.80	3.21	3.67	3.57	3.58	3.56	3.62	4.29	4.60	4.70	4.96	5.54	6.18	6.50	4.43
S16 Im	2.70	3.07	3.11	3.09	3.09	3.17	3.18	3.22	3.08	3.18	3.25	3.60	3.64	3.37	2.85

• 数据来源：WIOD，http://www.wiod.org/release13。

(三) 美国贸易隐含的 CO_2 排放

美国各行业出口、进口隐含 CO_2 排放的估算结果如图 4-6、表 4-12 所示。分析图 4-6 可以发现,美国贸易隐含的国内净 CO_2 排放均为负数,且在一段时间内规模不断扩大,也就是美国通过国际贸易大规模地节省了本国的 CO_2 排放。1995 年,美国通过贸易节省的国内 CO_2 排放为 1.03 亿吨,2008 年达到最高水平的 6.16 亿吨,在金融危机冲击下,2009 年降至 3.05 亿吨。

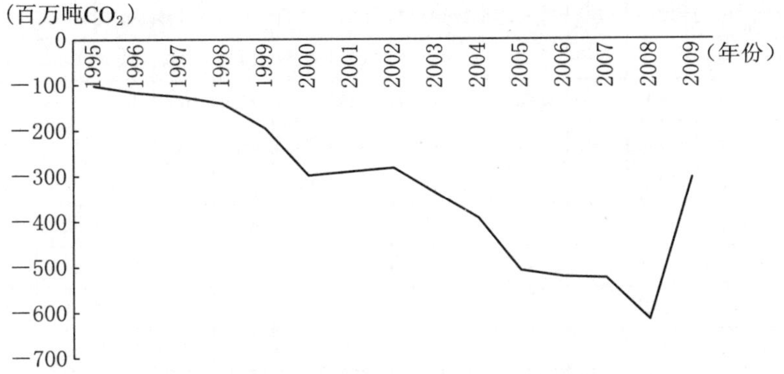

图 4-6 美国贸易隐含 CO_2 排放的变化趋势

• 数据来源:WIOD, http://www.wiod.org/release13。

表 4-12 美国贸易隐含国内 CO_2 排放的变化 单位:百万吨 CO_2

年份 行业	1995	1996	1997	1998	1999	2000	2001	2002	2003	2004	2005	2006	2007	2008	2009
S1 Ex	20.56	20.59	17.91	13.65	12.93	14.97	15.98	15.60	16.15	17.83	17.75	20.13	25.26	34.30	25.10
S2 Ex	9.68	8.86	11.52	9.31	7.77	7.26	6.14	5.92	6.50	7.89	11.36	13.64	15.83	17.98	10.78
S3 Ex	19.90	19.97	20.73	17.60	15.80	18.46	20.23	17.44	19.10	19.87	22.78	24.52	30.85	39.62	30.77
S4 Ex	7.80	8.44	9.28	8.49	8.40	10.38	10.12	9.41	10.32	8.87	10.19	10.08	9.26	9.23	7.80
S5 Ex	0.44	0.49	0.57	0.50	0.48	0.54	0.49	0.41	0.45	0.41	0.43	0.38	0.31	0.29	0.25
S6 Ex	3.40	3.44	3.70	2.80	2.94	3.23	2.82	2.50	2.53	2.74	2.97	3.35	3.68	4.22	3.15
S7 Ex	15.78	14.36	14.41	12.65	12.35	16.88	16.89	14.38	15.32	16.19	18.32	20.15	24.12	27.73	21.90
S8 Ex	14.36	17.30	18.27	11.79	12.83	17.45	14.61	13.97	16.09	18.84	26.52	37.24	47.94	80.07	50.43
S9 Ex	51.27	51.93	51.29	44.95	46.95	65.75	63.49	60.14	68.30	79.59	90.51	92.45	107.53	137.08	99.21
S10 Ex	6.37	6.65	7.35	6.65	7.14	9.33	9.44	8.05	8.29	8.66	10.18	11.08	12.47	14.99	11.43
S11 Ex	11.05	11.49	12.97	11.61	12.14	15.80	15.40	12.01	12.68	14.36	15.47	18.28	19.54	21.69	17.51
S12 Ex	31.17	32.24	34.80	29.93	28.44	34.04	32.28	28.80	30.48	34.78	42.01	50.10	60.74	70.14	47.03

（续表）

年份 行业	1995	1996	1997	1998	1999	2000	2001	2002	2003	2004	2005	2006	2007	2008	2009
S13 Ex	27.07	28.86	31.59	26.01	26.18	33.03	31.36	26.35	26.29	29.45	34.15	37.52	45.37	50.60	34.94
S14 Ex	47.87	49.57	54.85	46.99	50.95	60.32	56.15	40.56	40.14	38.11	37.90	37.92	47.76	48.11	32.45
S15 Ex	38.16	40.71	47.97	47.96	47.65	48.00	50.70	45.41	46.03	45.71	52.60	59.39	68.71	72.28	53.42
S16 Ex	5.61	5.72	6.43	6.16	6.34	7.18	7.52	7.04	8.05	8.08	9.17	9.30	10.98	13.33	10.50
S1 Im	15.83	16.07	16.86	15.23	15.87	17.69	18.70	18.04	17.61	18.49	21.89	24.96	25.81	27.93	22.70
S2 Im	46.32	54.90	68.78	51.66	67.69	103.94	83.68	77.30	104.15	131.63	187.12	200.84	218.28	296.59	144.22
S3 Im	14.16	15.59	17.28	16.14	16.80	20.12	22.57	22.29	25.71	29.91	33.49	35.44	40.56	47.41	35.86
S4 Im	31.89	33.17	36.44	36.96	39.25	50.18	53.89	52.21	60.21	53.55	63.65	65.68	67.63	67.00	55.17
S5 Im	8.58	8.89	9.15	8.50	8.56	10.07	10.34	9.35	10.61	10.24	10.77	10.90	10.04	9.32	6.72
S6 Im	7.62	8.87	9.87	9.13	10.80	10.97	10.88	10.56	10.85	14.05	14.81	14.97	13.22	12.03	8.22
S7 Im	13.82	12.55	12.46	11.94	12.15	17.14	17.36	15.26	16.77	18.23	19.94	20.91	22.07	23.80	16.49
S8 Im	14.94	20.94	20.69	15.53	21.04	35.44	32.36	29.42	34.83	45.30	68.99	75.00	92.34	110.13	60.31
S9 Im	50.83	55.43	54.29	52.20	60.26	89.49	93.31	90.15	103.27	111.44	133.31	134.57	149.84	189.58	129.82
S10 Im	8.71	8.88	9.11	8.92	10.32	12.87	13.41	12.57	14.21	15.27	18.84	19.77	21.78	24.77	17.49
S11 Im	21.99	23.21	25.01	25.84	29.02	35.12	32.19	31.19	33.89	40.45	45.48	51.53	49.61	49.57	32.68
S12 Im	54.94	56.22	61.37	59.87	58.01	72.41	67.32	62.51	63.98	87.26	98.95	119.83	128.98	139.55	73.38
S13 Im	25.38	26.28	27.28	25.91	27.81	33.18	32.22	29.02	31.91	36.22	42.33	45.23	51.55	55.08	34.15
S14 Im	67.89	66.70	68.63	64.39	73.20	87.13	80.82	66.07	67.06	66.05	68.47	67.50	84.73	82.46	54.86
S15 Im	50.63	51.94	56.46	55.96	66.56	75.11	78.10	73.37	75.43	77.28	81.65	85.98	91.30	91.51	56.39
S16 Im	14.93	15.59	16.93	17.98	20.13	24.01	24.90	25.42	26.64	26.13	28.36	29.24	32.58	35.93	27.05

• 数据来源：WIOD，http://www.wiod.org/release13。

从行业结构来看，美国“农业”“造纸业”和“机械工业”是美国三个贸易隐含国内排放最多的行业，1995 年和 2009 年，这三个行业贸易隐含的国内排放均为正，分别为 0.84 千吨和 0.86 千吨。“矿业”“纺织业”和“金属制品业”是美国三个贸易节省国内排放最多的行业，1995 年，这三个行业贸易节省的国内排放为从 1995 年的 8.45 千吨持续增加到 2008 年的 4.06 亿吨，2009 年为 2.07 亿吨。实际上，这三个行业是美国贸易逆差的主要来源，2009 年，这三个行业的贸易逆差占美国贸易逆差总额比例为 80.81%。

和中国相比，美国通过贸易大规模地节省了本国排放，贸易隐含的国内净 CO_2 排放在分析期间均为负数，且规模不断扩大。

四、结论性评述

本章在理论分析环境要素价格影响 CO_2 排放路径的基础上，从 CO_2 的直接排放密度和完全排放密度两个层面分析中国贸易的排放结构特征、高排放行业产出占比及贸易隐含的 CO_2 排放，并与日本、美国进行横向比较。

环境要素定价机制通过要素结构效应、技术效应和产业集聚效应三个路径影响 CO_2 排放水平，进而影响贸易结构及贸易隐含的 CO_2 排放。环境要素价格的要素结构效应和技术效应在统计指标上体现为能源密度和 CO_2 排放密度的变化，产业集聚效应体现为产业结构和国际价值链分工两个方面，分别用高排放行业在国民经济中所占比例和完全排放密度中国内排放所占比例两个指标来衡量。

中国 CO_2 的直接排放密度和完全排放密度持续下降，与日本和美国的差距有所缩小，但仍然大幅度高于日本和美国，与日本相比，中国高排放行业产出所占比例较高，且完全排放中隐含的国外排放较低，尤其是高排放行业；日本更多地通过中间品进口来替代本国的排放。中国和日本之间的差距有所扩大。这说明日本的产业结构和分工结构明显优于中国。美国与日本有所不同，虽然美国高排放行业产出所占比例大幅度低于中国，但大部分行业尤其是高排放行业隐含国外 CO_2 排放所占的比例明显低于中国。

中国贸易隐含的国内净 CO_2 排放除了 2003 年以外，均为正值，在 2007 年达到考察期间的最高值 3.43 亿吨。也就是说，对外贸易扩大了中国国内的 CO_2 排放规模。而日本从 2001 年开始贸易隐含的 CO_2 排放均为负，这意味着日本通过贸易节省了大量的国内排放。美国作为贸易逆差大国，通过贸易大规模地节省了本国排放，贸易隐含的国内净 CO_2 排放在考察期间均为负数，且在一段时间内规模不断扩大。

中国的直接排放密度、完全排放密度、高排放行业在经济中所占的比例和贸易隐含的国内排放均大幅度高于日本、美国。从这一角度而言，中国已经形成了高排放出口结构。

第五章
中国要素价格扭曲对出口的影响

中国要素市场分割严重,资本市场、土地市场及劳动力市场等存在严重扭曲。环境要素作为一种随着稀缺性日益凸显而具备生产要素要件的新型要素,定价机制尚不完善,其价格并不完全反映环境成本。

一、要素价格扭曲的成因及中国要素价格扭曲的体现

要素价格扭曲由多种原因引起。中国要素市场存在政策引致性扭曲,这种扭曲促进了出口贸易,但影响贸易收益。

(一) 要素价格扭曲的成因

新古典经济学认为,在完全市场条件下,市场出清,要素价格不存在扭曲,要素的价格等于其边际产出,企业的边际成本等于边际产出以实现利润最大化。而实际上市场存在各种扭曲,并不是完全的。Chaeholiades(1978)认为,要素市场扭曲指市场不完全所导致的生产要素在国民经济中的低效率配置,也就是要素价格与机会成本的背离。

Bhagwati(1968)指出市场不完全主要包括四个方面:第一,要素市场不完全导致部门之间存在工资差异;第二,产品市场不完全导致产品存在外部性;第三,消费不完全导致消费存在外部性;第四,外贸领域存在垄断力量导致贸易不完全。引致要素价格扭曲的原因主要包括:第一,政府干预。这是引起要素价格扭曲最主要的原因。Kornai(1986)从"预算软约束"的角度研究发现,政府为了解救亏损的国有企业或支持国有企业投资,会采取财政补贴、贷款支持等方式,而这些措施又引致要素价格扭曲与经济低效率。第二,市场分割。Tobin(1972)从市场分割的视角分析指出,市场分割在现实中成为要素流动的壁垒,阻碍了要素的自由流动,导致劳动力价格偏离市场出清的价格。Dickens and Lang(1988)通过实证分析指出,确实存在主要劳动力市场和次要劳动力市场,而且一些非经济壁垒阻碍了劳动力在主要市场和次要市

场之间自由流动。这种劳动力市场的分割是导致工资水平存在差异的关键因素。第三,工会的影响。Defina(1983)认为,工会在工资上的议价能力导致实际工资水平偏离完全竞争条件下的均衡水平。工会的议价能力越强,劳动力市场的扭曲程度就越高。Fisher and Waschik(2000)实证分析加拿大工会导致的福利损失指出,工会的谈判能力导致工人工资高于完全竞争水平,且带来净福利损失相当于GDP的0.04%。如果不存在工会的影响,总就业将提高2.6个百分点。

中国要素市场存在广泛的政策引致性扭曲。中华人民共和国成立初期,为了在落后的工业基础状况下发展重工业,通过对经济资源进行计划配置和管理,以确保优先发展重工业。重工业优先发展战略下的分配体制,以及由此形成的市场垄断,是中国要素价格扭曲最初的原因。林毅夫等(1994)将重工业优先发展战略称为中国传统经济体制的逻辑起点。这种发展战略体现为:在生态环境方面,资源与能源生产、消费、污染排放等的环境影响被忽视或低估,环境要素的消耗无须支付相应对价或支付的对价大幅度低于实际的环境影响;在资金配置方面,建立金融管理体制,把有限的资金优先分配到国家优先发展的项目和产业;在对外经济管理方面,实行进口许可证、保护性关税、外汇管制等。

(二) 中国要素价格扭曲的体现

中国要素价格扭曲体现在以下三个方面:

1. 不同所有制企业之间存在要素市场分割

在中国,资本要素的稀缺性大幅度高于劳动力要素,其价格的扭曲程度也高于劳动力要素。国家管理的金融部门通常将以民营企业为代表的非国有经济部门排除在外,因此非国有经济部门获得资本要素的成本明显高于国有经济部门,资本与劳动力之间的扭曲程度相对较低,资源的配置效率较高。Murakami等(1994)以服装企业为样本实证分析指出,不同所有制企业的配置效率存在明显的差异,首先,城市集体企业和国有企业的配置效率最低,对劳动力的过度使用分别高达43%和42%;其次,普通乡镇企业和联营企业,对劳动力的过度使用分别为16%和4%。Hsieh and Klenow(2009)利用企业层面的数据实证分析发现,中国劳动力市场、资本市场的扭曲影响了资源配置效率,从而大幅度降低了企业效率。如果将中国劳动力与资本的配置效率提高到美国的水平,那么中国制造业的全要素生产率可以提高30%—50%。

2. 金融抑制是中国资本要素配置扭曲的主要体现

在计划经济体制时代,资本要素价格扭曲下的低利率体系成为向重工业优先发展战略提供资金的重要措施。即使在改革开放以后,金融市场上以国有金融机构为代表的垄断力量依然存在,资本要素的配置并非基于市场效率的考虑,而是更多地为国家发展战略提供支持,低效率的国有企业可以获得低利率的资金支持,而效率相对较高的民营企业的资金需求却面临种种约束。这种资本要素的扭曲配置,严重影响经济效率。Allen, Qian and Qian (2005)指出,在中国金融体系中,最成功的部分不是银行部门或金融市场,而是一个由非正规金融、自筹资金和商业信贷,企业、投资者与地方政府各种形式的合作等构成的非正式信贷市场,这种非正式信贷市场的治理与银行部门等明显不同,依靠的是产品和原料市场的竞争、信托、声誉及人脉等。中国非正式信贷市场的利率通常比官方利率高 50%—100%(卢峰、姚洋,2004)。这种金融抑制扭曲了资本要素的价格,国有经济部门从银行部门获得的贷款超过 80%,但对中国经济的贡献不到 30%;而非国有经济部门从银行部门获得的贷款不到 20%,对中国经济增长的贡献超过 70%(Garnaut et al., 2000)。中国经济转型过程中,规模庞大的国有经济通过金融压抑、歧视等途径对整个国民经济产生了拖累效应,而金融漏损和民间金融的成长在一定程度上掩盖了国有经济的这种拖累效应(刘瑞明,2011)。

3. 环境要素价格低估导致环境条件日益恶化

中国对环境要素的低估主要表现在以下四个方面:

第一,对环境治理成本缺乏科学计算,对排放征收的税费不足以修复排放对环境的影响。中国环保相关法律均明确规定,针对排放等征收的税费,专项用以污染治理,不得挪作他用。尽管中国目前征收的排污费均用以污染排放治理,但远不足以抑制污染的扩大,环境条件仍在不断恶化。

第二,能源使用的社会补偿费用不合理。石化能源的使用在目前技术条件下不可避免的排放应通过消费环节征税进行控制和社会补偿,但是目前中国仅对能源中的成品油计征消费税,占能源消费 2/3 的煤炭并未列入消费税计征范围。而对成品油的消费税率折算成从价税不足 30%。

第三,资源税未达到应有水平。能源的资源税是企业使用社会公共资源而支付的费用,体现了对国有资源的有偿使用,不构成对环境治理和社会赔偿费用。能源生产企业的高利润率证明现行的资源税是偏低的。2013 年,“煤炭开采和洗选业”和“石油和天然气开采业”两个能源开采行业的利润成本费用率[利润/(成本＋费用)]分别比工业企业的平均水平高 0.2 倍和 7.4 倍。目前中国煤炭的资源税率换算成从价税约为焦炭 2%—6%，其他煤矿为 0.1%—2%。石油、天然气的资源税率为 5%—10%。能源开发的低税率支持能源低价格，间接鼓励了对能源的使用，从而增加了环境要素的消耗。

第四，惩罚性赔偿水平偏低。对公民健康和法制的尊重要求违法排放惩罚、损害赔偿高于修复性补偿和合法排放的补偿。但目前中国环保相关法律对违法排放的惩罚、损害赔偿过低，企业的违法成本甚至低于遵守环保规制的费用。被称为史上最严厉的 2015 年 1 月开始实施的《环境保护法》，在对违规排放企业的处罚标准主要依据"防治污染设施的运行成本、违法行为造成的直接损失或者违法所得"确定，并没有考虑污染治理、环境修复等成本。

中国对环境要素价格的低估，在引进外资、扩大出口的政策导向下，形成高能耗、高排放的产业结构和出口结构，忽视外资企业、贸易规模快速增长对环境的破坏性影响，导致环境条件不断恶化。

(三) 中国要素市场扭曲的效应

中国要素价格扭曲促进了出口，但导致贸易收益受损。要素价格低估增加了要素使用者及产品消费者的收益，有利于刺激投资，较低的要素价格也是中国产品贸易竞争力的主要来源(张曙光、程炼，2010)。张杰、周晓艳、郑文平(2011)研究指出，中国要素市场扭曲对外资企业出口的促进作用大于内资企业，要素市场扭曲程度越高，内资企业的利润率相对越低，而内资出口企业的利润率更低。这意味着要素市场扭曲相对地提升了外资出口企业在中国市场的竞争力。耿伟(2013)实证分析指出，要素价格扭曲总体上促进了中国企业出口的多元化，尤其是产品多样化，而政府补贴、企业规模扩大是制约这种促进作用的重要因素。中国要素价格的负向扭曲虽然促进了企业出口贸易，但这种要素价格扭曲将应当归属于国内要素的收益以低价出口的方式转移给国外消费者(施炳展、冼国明，2012)。中国环境要素价格的低估，通过外资及出口激励政策促进了出口，但忽略了中国因此付出的环境成本。在企业未对污染、排放支付应有成本的情况下，这种环境成本由社会承担，贸易发展隐含的是国民福利的损失。

二、要素价格扭曲的测度

这部分利用生产函数法对中国要素价格的扭曲程度进行测度。

（一）要素价格扭曲的测度方法

要素价格扭曲在实证分析中通常用两种方法进行测度。第一，要素价格的绝对扭曲，指要素收益对要素价格的偏离，$F_i^m/F_i^c = k_i$，其中，F_i^m 表示要素 i 的边际收益，F_i^c 表示要素 i 的价格。如果 $k_i \neq 1$，说明要素 i 价格存在绝对扭曲。第二，要素价格的相对扭曲，指不同经济部门之间要素的价格之比存在差异。$\frac{F_i^m}{F_j^m} = k\frac{F_i^n}{F_j^n}$，其中，$F_i^m$ 和 F_j^m 分别表示 m 部门中要素 i 和要素 j 的价格，F_i^n 和 F_j^n 分别表示 n 部门中要素 i 和要素 j 的价格。如果 $k \neq 1$，说明要素价格存在相对扭曲。要素的相对价格扭曲在现实中通常指不同的经济部门之间工资、利息等要素价格比的差异。

本书研究的目的是测度环境要素等要素价格的扭曲程度及其对出口的影响，故仅测度要素的绝对价格扭曲。在现有文献的基础上，本书主要做以下两个方面的拓展：第一，将环境要素作为一种要素投入，引入传统的资本、劳动力两要素生产函数，测度资本、劳动力、环境三种要素的边际收益，在此基础上计算这三种要素的价格扭曲程度。第二，在计算资本要素的成本时，考虑到市场风险主要由投资者的投资承担，因此，将投资者对市场风险的预期也作为资本的成本。已有研究大部分不考虑市场风险的影响，所测算的资本价格扭曲程度都超过 10，这意味着资本的边际收益是其成本的十几倍甚至二十几倍（史晋川、赵自芳，2007；施炳展、冼国明，2012）。[①]他们的研究结论意味着中国资本要素的价格扭曲导致投资严重不足，扩大投资规模可以大幅提高企业收益。而实际上，近年中国制造业的利润率处于较低水平，大部分行业的产能明显过剩。显然，这些结论严重偏离中国的实际情况。在这些研究中，资本要素通常用固定资本存量来衡量。由于固定资本是企业承担风险的主要载体，而固定资产主要来自投资人的投资，因此，企业的各种市场风险实际上通过固定资产（如沉没成本、市场波动导致固定资产价格变化等）由投资人承担。因此，假设投资人在做投资决策时，会将其对市场风险的预期，也作

---

① 史晋川、赵自芳（2007）利用中国的行业数据，构建超越对数生产函数测度要素的边际收益，在此基础上，测算要素价格的扭曲程度发现，资本价格存在负向扭曲，但不同所有制企业的扭曲程度不同。在样本区间，国有企业资本价格的扭曲程度最低，为 15.66，外商投资企业资本价格的格扭曲程度最高，达到 25.35。施炳展、冼国明（2012）利用中国微观企业数据，构建 C-D 生产函数测度要素的边际收益，并用利息支出与负债总额的比值、贷款年均利率综合指标衡量资本的实际成本，测算要素价格的扭曲程度指出，资本价格的扭曲程度在 1999 年为 11.042，而到 2007 年则提高到了 15.772。

为风险因素纳入资本成本的计算范畴，参考金融领域的做法，用波动率来衡量市场风险。

(二) 生产函数模型设定及数据说明

要素价格扭曲程度的测算常用的方法是生产函数法。生产函数法通过构建生产函数模型，估计生产函数中的系数来计算要素的边际收益，在此基础上比较要素的边际收益和实际成本，计算要素价格的扭曲程度。如果要素的边际收益大于其实际成本，说明要素价格存在负向扭曲，反之，则说明要素价格存在正向扭曲。

生产函数形式主要有C-D生产函数，CES生产函数和超越对数生产函数等。C-D生产函数形式简单，但它存在单位替代弹性的强假设，这可能导致模型设定及估计上偏误。CES生产函数虽然放松了单位替代弹性的假设，是C-D函数的一般形式，但CES生产函数是一种非线性函数，其参数估计难度较高。超越对数生产函数是投入与产出的对数二次形式，对替代弹性的没有约束，相对于C-D生产函数和CES生产函数更具一般性。因此此处选择超越对数生产函数形式。

大部分生产函数考虑资本和劳动力两种要素的投入。而实际上，随着人类生产活动的急剧扩张及对环境损害的日益加剧，清洁的大气等环境资源的无限供给状态被打破，环境的重要性及稀缺性开始显现并被认识，从无限供给的“自然资源”转变为与劳动力、资本和土地一样具有稀缺性和供给约束的生产要素。因此，本书将环境要素也作为一种投入要素，纳入生产函数，构建一个包含资本、劳动和环境的三要素超越对数生产函数。

假设三要素超越对数生产函数为：

$$\begin{aligned}\ln Y_{it} = & \alpha + \alpha_k \ln K_{it} + \alpha_l \ln L_{it} + \alpha_e \ln E_{it} + \alpha_{kk} \frac{1}{2}\ln^2 K_{it} + \alpha_{ll} \frac{1}{2}\ln^2 L_{it} \\ & + \alpha_e \frac{1}{2}\ln^2 E_{it} + \alpha_{kl} \ln K_{it} \ln L_{it} + \alpha_{ke} \ln K_{it} \ln E_{it} \\ & + \alpha_{le} \ln L_{it} \ln E_{it} + I_i + \varepsilon_{it} \qquad (5\text{-}1)\end{aligned}$$

其中，i 表示行业，t 表示时间，Y 表示实际产出，K 表示资本存量，L 表示劳动投入，E 表示环境要素，I 表示行业虚拟变量，用以控制行业差异，ε 表示残差。模型中各变量的衡量指标如下：

实际产出 Y 用工业增加值作为衡量指标。由于2008年、2009年两年的工业增加值数据缺失，需要根据其他指标进行估算。观察相关数据的变化趋势发现，在样本考察期间，分行业的工业总产值和工业增加值比值较稳定。因此，此处用 2006 年、2007 年工业增加值与工业总产值比值的平均值作为 2008 年、2009 年的比值，再利用 2008 年、2009 年的工业总产值估算其工业增加值。

资本存量 K 用固定资产净值的年均余额作为衡量指标。资本的成本通常用利率来衡量。利率可以通过两种方法获得：一是直接用银行贷款利率作为衡量指标；另一种是根据企业实际的资金使用成本，即企业利息支出与负债总额之比计算所得（史晋川、赵自芳，2007）。这两种方法均不考虑市场风险因素。在现实中企业面临各种市场风险，而这种风险主要由企业的投资者承担。主要来自投资者投资的固定资产是承担企业风险的主要载体，对投资者而言，市场风险不可控，其对企业的影响比资金成本更为重要。投资者在做投资决策时，会将其对市场风险的预期作为投资风险纳入资金成本。因此，本主题研究综合考虑市场风险和银行贷款利率来测算资本成本。借鉴金融领域的做法，市场风险用固定资产存量的波动率来衡量。固定资产存量波动率用每年的实际值对增长趋势的偏离来衡量，在测度方法上，利用 HP 滤波分离后的同期波动值的绝对值与趋势值之比计算所得。贷款利率用金融机构一年期的法定贷款利率来表示。资本成本用固定资产存量三年波动率的加权平均值①与贷款利率之和来衡量。

劳动投入 L 用职工人数来衡量。劳动力的成本用工资总额除以职工人数来衡量。2008 年和 2009 年的工资总额没有直接的统计数据，根据 2008 年和 2009 年全国工资增长率、国有单位工资增长率和外商投资企业增长率以及 2007 年的数据估算 2008 年和 2009 年全国及不同企业类型的劳动力成本。

环境要素 E 用能源投入作为替代变量。在中国统计框架下，环境要素没有直接的衡量指标。而能源是制造业的重要投入要素，与能源消耗密切相关的 CO_2 排放及污染是导致环境条件恶化的重要因素，而且能源价格也是影响产品价格及其国际竞争力的重要原因，因此，选择能源消耗作为环境要素投入的替代变量。中国有关能源的统计只有分行业的能源消耗数据，没有分行业、分企业性质的能源消耗数据。本书研究所需的国有企业和外商投资企业

① 波动率三年的加权平均值指当年和前后各一年的波动率的加权平均值。

的能源消耗用两种方法估算得来。第一,假设不同企业单位产出的能源消耗量相同,以各行业不同性质企业的增加值为权重,利用分行业能源消耗量数据来估算国有企业和外商投资企业能源消耗量。第二,由于资本密度是影响能源消耗的重要因素,而同一行业不同性质企业的资本密度不同,因此,以"工业增加值 * 资本密度"为权重,估算国有企业和外商投资企业的能源消耗。其中资本密度以人均固定资产衡量,根据"固定资本年均余额/职工人数"计算。能源消耗采用标准煤这个统计指标,标准煤的价格根据能源消费构成、各种能源折算标准煤的系数以及各种能源的价格加权计算得来。由于各行业的能源消费构成不同,因此其标准煤的价格也不同。能源的热量折算系数来自《中国能源统计年鉴》,各种能源价格根据物价局等官方网站公布主要能源的价格及能源价格指数计算而得。

本书利用制造业行业数据,估计规模以上全部企业以及不同所有制性质企业即国有企业和外商投资企业的超越对数生产函数。由于"烟草制造业"属于国家控制行业,此处予以剔除;"石油加工、炼焦及核燃料加工业"属于能源产业,其投入能源中只有小部分供给自己作为能量消耗,大部分作为原材料,通过一定工艺的生产加工后作为新的能源产品提供给其他经济部门。而中国的相关统计仅统计各行业的能源投入总量,而未对实际消耗的能源和作为原材料投入的能源进行分类统计。因此,此处也予以剔除。本书分析的制造业包括 26 个行业。上述数据中,工业增加值、工业总产值、固定资产净值年平均余额、职工人数、工资水平来自工业企业数据库,根据行业分类编码合并汇总成行业数据;能源消耗数据来自《中国能源统计年鉴》,贷款利率来自《中国统计年鉴》。鉴于数据的可得性,本书研究的时间区间为 1998—2009 年。

(三) 生产函数模型的估计

式(5-1)超越对数生产函数在实际估计中通常会存在着严重的多重共线性:第一,生产函数模型中的三种生产要素变量,即资本、劳动和能源消耗之间通常会存在较强的相关性。第二,模型中三种生产要素变量的二次项及它们之间的交互项会进一步加剧多重共线性。用方差膨胀因子(VIF)对模型检验的结果显示,VIF 均大于 10,这说明模型存在严重的多重共线性。多重共线性在模型估计中有多种处理方法,而岭回归是在无法增加样本容量并保留模型原有变量条件下的最优的选择。因此,此处用岭回归方法对模型进行估计,估计结果如表 5-1 所示。

表 5-1 超越对数生产函数的估计结果

自变量	全部	国有Ⅰ	国有Ⅱ	外资Ⅰ	外资Ⅱ
$\ln L$	0.156***	0.013*	0.015*	0.189***	0.161***
$\ln E$	0.015***	0.088***	0.079***	0.025***	0.008**
$\ln K$	0.257***	0.170***	0.184***	0.276***	0.222***
$\ln^2 K$	0.016***	0.011***	0.012***	0.018***	0.014***
$\ln^2 L$	0.013***	−0.002**	−0.002**	0.016***	0.015***
$\ln^2$E	0.001*	0.006***	0.006***	0.002*	0.001***
$\ln L\ln E$	0.004***	0.008***	0.006***	0.010***	0.008***
$\ln K\ln L$	0.018***	0.006***	0.006***	0.021***	0.018***
$\ln K\ln E$	0.000***	0.009***	0.009***	0.007***	0.005**
I	Yes	Yes	Yes	Yes	Yes
R^2	0.888	0.948	0.950	0.968	0.926
样本	312	312	312	312	312

• 注:岭迹参数根据岭迹变化形状确定。*、**、*** 分别表示估计系数在10%、5%和1%的置信区间内显著。“全部”表示全部企业的分行业数据样本。“国有Ⅰ”和“外资Ⅰ”分别表示以“工业增加值”为权重计算能源消耗的国有企业数据样本和外商投资企业数据样本;“国有Ⅱ”和“外资Ⅱ”分别表示以“工业增加值 * 资本密度”为权重计算能源消耗的国有企业数据样本和外商投资企业数据样本。

模型估计结果显示,R^2 均大于 0.85,说明模型估计拟合优度较高,所有模型系数至少在10%的置信区间内显著,说明采用超越对数生产函数形式是合理的。同时,用不同方法估算能源消耗的国有企业样本和外商投资企业样本的模型估计参数非常相似,说明模型具有较高的稳健性。

(四) 要素价格扭曲程度的计算及结果分析

根据表 5-1 的模型估计结果,分别计算资本、劳动和环境三种要素的边际收益。

劳动的边际收益:

$$MP_{it}^{L}=\frac{\partial Y_{it}}{\partial L_{it}}(\hat{\alpha}_{l}+\hat{\alpha}_{ll}\ln L_{it}+\hat{\alpha}_{kl}\ln K_{it}+\hat{\alpha}_{le}\ln E_{it})\frac{Y_{it}}{L_{it}} \tag{5-2}$$

资本的边际收益:

$$MP_{it}^{K}=\frac{\partial Y_{it}}{\partial K_{it}}(\hat{\alpha}_{k}+\hat{\alpha}_{kk}\ln K_{it}+\hat{\alpha}_{kl}\ln L_{it}+\hat{\alpha}_{ke}\ln E_{it})\frac{Y_{it}}{K_{it}} \tag{5-3}$$

环境的边际收益:

$$MP_{it}^{e}=\frac{\partial Y_{it}}{\partial E_{it}}(\hat{\alpha}_{e}+\hat{\alpha}_{ee}\ln E_{it}+\hat{\alpha}_{ke}\ln K_{it}+\hat{\alpha}_{le}\ln L_{it})\frac{Y_{it}}{E_{it}} \tag{5-4}$$

其中，MP_{it}^{L}、MP_{it}^{K}和MP_{it}^{E}分别表示i行业、t期劳动、资本和环境的边际收益。根据式5-2、式5-3和式5-4可以计算分行业全部企业、国有企业和外商投资企业1998—2009年的资本、劳动和环境三种要素的边际收益(具体参考附表)。此处限于篇幅仅列出1998年、2004年和2009年三年各行业边际收益的平均值，如表5-2所示。

从变化趋势来看，不同企业分类三种要素的边际收益均呈现持续上升的趋势。从不同企业分类来看，外商投资企业要素的边际收益明显高于国有企业；从不同要素的边际收益来看，“外资Ⅰ”、劳动的边际收益明显高于“国有Ⅰ”和“国有Ⅱ”；而“外资Ⅰ”“外资Ⅱ”能源消耗的边际收益明显低于“国有Ⅰ”和“国有Ⅱ”。

要素价格的扭曲程度根据要素的边际收益相对于成本的偏离程度来测度。

劳动价格的扭曲程度：

$$DL_{it}=\frac{MP_{it}^{L}}{P_{it}^{L}} \tag{5-5}$$

资本价格的扭曲程度：

$$DK_{it}=\frac{MP_{it}^{k}}{P_{it}^{k}} \tag{5-6}$$

环境价格的扭曲程度：

$$DE_{it}=\frac{MP_{it}^{E}}{E_{it}^{E}} \tag{5-7}$$

其中，DL_{it}、DK_{it}、DE_{it}分别表示i行业、t期劳动、资本及环境的价格扭曲程度，如果该数值大于1，说明要素价格存在负向扭曲；如果该数值小于1，则说明要素价格存在正向扭曲。

根据分行业劳动、资本、环境的边际收益、实际价格以及式(5-5)、式(5-6)、式(5-7)，可以计算考察期间劳动、资本、环境的分行业价格扭曲程度(具体参考附录1)，此处限于篇幅仅列出1998年、2004年和2009年三年行业要素价格扭曲的平均值，如表5-2所示。

表 5-2　劳动、资本、环境三种要素的边际收益及价格扭曲程度的变化

分类＼要素/年份		劳动			资本			环境			整体		
		1998	2003	2009	1998	2003	2009	1998	2003	2009	1998	2003	2009
边际收益	全部	14.457	30.568	77.790	0.328	0.481	0.761	0.174	0.325	0.707	0.700	1.239	1.644
	国有Ⅰ	0.973	1.875	6.966	0.111	0.129	0.273	0.493	0.846	2.067	0.355	0.542	0.870
	国有Ⅱ	0.897	1.782	6.722	0.119	0.139	0.294	0.137	0.183	0.407	0.187	0.287	0.461
	外资Ⅰ	31.646	52.566	109.194	0.357	0.540	0.739	0.085	0.166	0.359	0.714	1.280	1.495
	外资Ⅱ	27.740	45.085	93.655	0.294	0.441	0.604	0.066	0.099	0.225	0.587	1.044	1.219
价格扭曲	全部	1.931	2.210	2.743	1.323	4.633	8.124	0.835	1.194	1.872	1.151	2.046	2.942
	国有Ⅰ	0.150	0.137	0.225	0.834	1.003	1.535	2.391	3.139	3.139	0.983	1.473	1.729
	国有Ⅱ	0.139	0.130	0.218	0.895	1.080	1.654	0.674	0.708	1.124	0.539	0.765	0.850
	外资Ⅰ	2.690	2.913	3.067	1.382	5.224	8.645	0.409	0.607	0.950	1.242	2.400	2.757
	外资Ⅱ	2.351	2.498	2.630	1.135	4.267	7.061	0.285	0.351	0.574	0.869	1.752	2.106

• 注：边际收益的单位：劳动：千元/人；资本：元/元；环境：亿元/万吨标准煤。“整体”表示劳动、资本、环境三种要素整体的边际收益和价格扭曲程度，三种要素整体的边际收益利用劳动、资本和环境的边际收益数据，以各要素的实际使用量为权重近似计算得来。同样，三种要素的整体扭曲程度利用劳动、资本和环境的扭曲程度数据，以各要素的实际使用量为权重近似计算得来。

第一，从三种要素整体的价格扭曲程度来看，全部企业要素整体的价格均存在负向扭曲，且扭曲程度不断扩大。外商投资企业的要素整体扭曲，除了“外资Ⅱ”在 1998 年出现小幅正向扭曲外，其他年度均为负向扭曲，扭曲程度也不断扩大。

第二，从变化趋势来看，三种要素的价格扭曲在数值上均不断上升。这说明在样本考察区间，要素边际收益的增长速度高于要素成本的增长速度。

第三，从不同企业分类来看，外商投资企业劳动、资本的价格负向扭曲程度不断扩大，而且在数值上明显高于国有企业。这可能是由于国有企业相对其他企业获得资金的成本较低，资金利用效率低下的结果。国有企业的劳动价格在样本考察区间内均为负向扭曲，这可能是因为国有企业的工资水平相对较高，同时还承担部分社会责任，需要依照地方政府下达的指标安置转业、退伍军人等，导致其人员过剩，大幅度降低了劳动效率。考虑市场风险因素的资本价格的扭曲程度均小于 10，大幅度低于已有研究所测算的资本价格扭曲程度，更加符合中国的实际情况。外商投资企业能源价格存在负向扭曲，且在数值上大幅度小于国有企业。

第四，外商投资企业环境的边际收益最低，环境要素价格的正向扭曲程度大幅度高于全部企业及国有企业。生产函数中的环境要素用能源消耗作为替代变量，尽管中国能源的价格存在一定程度上的政府干预因素，但是不同经济主体从市场上获取能源的可能性和价格几乎没有差别。外商投资企业的能源边际收益如此之低,可能是由于外商投资企业相对于其他要素,更多地使用了能源要素。在边际收益递减的机制下,要素的边际收益随着投入的增加而减少。尽管从高污染产业的产出及净出口的动态变化趋势看,中国并没有成为发达国家转移污染产业的“避难所”(李小平、卢现祥,2010;唐杰英,2012),但资本逐利本质决定产业转移到环境标准较低的国家后,可能降低能耗控制标准,以降低生产成本,实现利润最大化。

三、要素价格扭曲对出口贸易的影响

这部分构建模型,量化评估中国要素价格扭曲对出口贸易的影响。

(一)模型的构建

在通过实证测度估算要素价格扭曲数据的基础上,构建模型实证分析要素价格扭曲对出口贸易的影响。

要素整体价格扭曲对出口贸易的影响:

$$\ln EX_{it} = \alpha_0 + \alpha_1 TD_{it} + \sum_n \beta_n X_{it} + \varepsilon_{it} \tag{5-8}$$

劳动、资本和环境三种要素的价格扭曲对出口贸易的影响:

$$\ln EX_{it} = \alpha_0 + \alpha_1 DL_{it} + \alpha_2 DK_{it} + \alpha_3 DE_{it} + \sum_n \beta_n X_{it} + \varepsilon_{it} \tag{5-9}$$

其中,X 表示模型的控制变量,$\sum_n \beta_n X_{it} = \beta_1 I_i + \beta_2 ER_{it}$。$I_i$ 表示行业虚拟变量,用以控制行业差异的影响;ER_{it} 表示汇率,用以控制汇率变化的影响。

(二)模型估计及结果分析

模型(5-8)、(5-9)的估计结果如表 5-3、表 5-4 所示。模型估计结果显示,国有Ⅰ和国有Ⅱ、外资Ⅰ和外资Ⅱ模型具有统计意义的系数的符号均相同,这说明模型估计具有较强的稳健性。

第一,从要素整体价格扭曲对出口的影响来看,要素价格扭曲对企业出口具有正向影响,即要素扭曲数值的增加有利于促进出口贸易,符合理论预期。国有企业要素价格扭曲对出口的正向效应大幅度低于外商投资企业。这可能是因为:一方面,国有企业在国内市场有一定垄断力量,这又导致其在国内市场有较高的竞争优势,相对于外商投资企业,国有企业的出口动机不强,出口竞争力也较弱。实际上,国有企业出口所占的比例较低,2010 年,国有企业出口占中国出口额的比例仅为 14.8%。[①]另一方面,国有企业所在的行业大多是能源、资源、装备制造业等关系国计民生的领域,而这些行业并不是中国具有出口优势的行业。

第二,从劳动、资本、环境三种要素价格扭曲对出口的影响来看,劳动和资本的价格扭曲对企业整体出口具有正向效应,环境要素价格扭曲对企业整体出口具有负向效应。

劳动价格扭曲对国有企业出口的正向效应大于外商投资企业。这可能是因为国有企业在考察期间劳动价格均为负向扭曲,处于劳动成本高于边际收益的低效率状态。而外商投资企业在考察区间劳动价格均为正向扭曲,劳动价格扭曲程度的提高意味着劳动效率的提高,从而有利于促进出口。外商投资企业的劳动价格扭曲程度相对于国有企业处于较高水平,扭曲程度提高对出口影响的边际效应相对较低。

资本价格扭曲对国有企业不具有统计意义的影响,而对外商投资企业的出口具有正向效应。其原因可能是,国有企业由于其在国内市场垄断力量,可从国内市场获得更多的收益,这削弱其出口的动机和竞争力。而外商投资企业的产品主要用来出口,国际市场是其收益的重要来源,资本扭曲数值的提高意味着效率的提高和利润空间的扩大。这会增强出口的动机和竞争力,从而促进出口。

环境要素价格扭曲对国有企业出口具负向效应而对外商投资企业出口则具有正向效应。环境要素价格扭曲对国有企业和外商投资企业出口影响的差异,可能是因为,国有企业大多为能源密集型的重化工业企业,虽然国有企业能源利用效率不断提高,但能源密集型行业并不是中国的出口优势产业,而且这些企业在国内市场上有较强的垄断力量,在国内市场上的较高赢利能力削弱其出口的动力。而外商投资企业环境价格扭曲的幅度小于 1,价格扭曲数值的提高,对外商投资企业而言,意味着能源利用效率的提高,这有利于提高企业竞争力,促进出口。

---

① 数据来源:中国海关统计,http://www.customs.gov.cn/tabid/49666/Default.aspx。

第三,汇率对不同性质企业出口的影响不同。表 5-3 和表 5-4 显示,汇率对全部企业和外商投资企业的出口具有负向影响,对国有企业的出口具有正向影响。这可能是因为中国加工贸易的大量存在,而汇率对加工贸易的影响较小。外商投资企业主要以加工贸易形式出口商品,而国有企业主要以一般贸易形式出口商品,且其出口额在中国出口总额中所占比例较低。张伯伟、田朔(2014)利用中国与 147 个贸易伙伴 2000—2011 年的出口数据,分析发现人民币贬值对中国的出口贸易具有负向效应。实际上,在人民币处于升值通道期间,中国的出口水平仍然持续上升。这一实证结果较为符合中国的现实情况。

表 5-3　要素整体价格扭曲对出口的影响

变量	全部	国有Ⅰ	国有Ⅱ	外资Ⅰ	外资Ⅱ
TD	0.517***	0.217**	0.484***	0.584***	0.782***
ER	−0.606***	0.419***	2.552***	−0.606***	−0.640***
I	Yes	Yes	Yes	Yes	Yes
R^2	0.882	0.874	0.764	0.919	0.903
N	312	312	312	312	312

• 注:*、**、*** 分别表示在 10%、5%和 1%的置信区间内显著。

表 5-4　三种要素的价格扭曲对出口的影响

变量	全部	国有Ⅰ	国有Ⅱ	外资Ⅰ	外资Ⅱ
DL	0.529**	0.864***	1.270***	0.355***	0.116***
DK	0.074***	−0.030	0.024	0.072***	0.066***
DE	−0.269*	−0.060*	−0.075***	0.123**	0.193***
ER	−0.213**	0.123***	0.126***	−0.289***	−0.260***
I	Yes	Yes	Yes	Yes	Yes
R^2	0.863	0.864	0.938	0.875	0.923
样本	312	312	312	312	312

• 注:*、**、*** 分别表示在 10%、5%和 1%的置信区间内显著。

(三) 内生性问题及稳健性检验

上述实证结果显示,中国要素价格扭曲影响出口贸易,但在现实中,企业出口也反过来进一步强化了要素市场的价格扭曲,从而使得要素价格扭曲和出口贸易之间形成自我强化的相互影响,即内生性问题。

首先,需要对内生性问题进行检验。此处以要素价格扭曲为因变量,出

口的滞后一期 $\ln EX(-1)$ 为自变量，其他变量不变模型的估计来进行内生性检验。如果 $\ln EX(-1)$ 的系数显著，则说明模型可能存在内生性问题。估计结果如表 5-5 显示，$\ln EX(-1)$ 系数均显著为正，说明模型可能存在内生性问题。

其次，进行模型的稳健型检验。此处采用工具变量法对可能存在内生性问题的模型进行估计，以此来验证结论的稳健性。用要素价格扭曲的滞后一期 $TD(-1)$ 为工具变量，再次对模型(5-8)进行估计，估计结果如表 5-5 所示，要素整体价格扭曲 TD 的系数仍然显著为正，汇率系数的符号也和表 5-3 的估计结果相同，这说明上述实证结论稳健，不受内生性问题的影响。①

表 5-5 内生性检验和稳健性检验

内生性检验(因变量为 *TD*)					
变量	全部	国有Ⅰ	国有Ⅱ	外资Ⅰ	外资Ⅱ
$\ln EX(-1)$	0.655***	0.100 1**	0.059 7***	0.487 8***	0.606 6***
ER	0.116 1	−0.304 2***	−0.211 4	0.171 9***	0.268 7***
I	Yes	Yes	Yes	Yes	Yes
R^2	0.881 8	0.769 6	0.672 4	0.869 8	0.876 2
N	312	312	312	312	312
稳健性检验(因变量为 ln *EX*)					
变量	**全部**	**国有Ⅰ**	**国有Ⅱ**	**外资Ⅰ**	**外资Ⅱ**
TD	0.734 0***	0.340 7**	0.179 6*	0.922 5***	1.109 8***
ER	−0.473 8***	0.385 3***	1.335 3**	−0.468 9***	−0.499 3***
I	Yes	Yes	Yes	Yes	Yes
R^2	0.868 1	0.874 1	0.724 2	0.905 3	0.893 9
N	286	286	286	286	286

• 注：*、**、*** 分别表示在 10%、5%和 1%的置信区间内显著。

四、要素价格扭曲的效应分析

中国要素价格是出口导向政策下促进中国出口增长的重要因素。但这种要素价格扭曲不仅是中国诸多宏观经济问题的根源，也影响了中国贸易的收益。

① 实际上，笔者还用工具变量法对模型(5-9)进行了估计，估计结果显示，具有统计意义的变量的系数符号均和表 5-4 相同。这说明模型(5-9)的估计结果同样具有较强的稳健性。

要素价格扭曲导致消费不足和投资过剩。中国劳动市场价格扭曲扩大了地区、城乡、行业之间的收入不平等。在投资驱动增长模式下，劳动收入在国民收入中所占的比例持续下降，而非劳动收入的比重(主要为资本报酬)所占比例却逐渐上升，从而导致贫富差距不断扩大。消费主要取决于收入水平和边际消费倾向。在边际消费倾向递减规律作用下，高收入者边际消费倾向较低，而低收入者的边际消费倾向较高。中国收入差距的扩大，使得财富集中在少数高收入者手里，导致整个社会平均边际消费倾向下降，整体消费水平增长缓慢。而经济增长导向下的要素价格扭曲，相当于给予企业补贴，从而使企业在要素价格扭曲条件下的投资规模及生产、技术路径偏离最优水平，行业的投资规模高于要素价格不存在扭曲情况下的最优水平，导致投资过度，产能过剩。光伏产业的投资过度是政府支持导致产能过剩的典型例子。据工信部下属的光伏产业联盟对所属160多家企业的统计，产能已经达到35吉瓦，全国光伏产业总产能在40吉瓦上下，比世界其他国家的总装机量还多。

要素价格扭曲导致中国产业大而不强，高端产品的出口由外资主导。要素价格扭曲扩大了中国在劳动力、土地、环境要素上的比较优势，外商投资规模快速扩大，在推动中国快速融入全球化分工的同时，也在一定程度上导致中国在国际价值链分工中的低端锁定，产业规模庞大而核心竞争力较弱、高端产品出口贸易由外资主导的结构特征。这从中国高技术产业①的外资投资企业及其出口贸易的高占比可见一斑。中国高技术产业发展迅速，产品出口在出口总额中所占的比例逐渐提高。但在高技术产业中，外商投资企业产值所占的比例除1995年以外，均超过50%，2004年达到了74%；出口所占的比例更高，均超过70%，最高达到93%(参考附录:2)。而高技术产业的外商投资企业中，大部分只是将中国作为一个组装生产基地，把高科技产品的全球产业链上低技术含量的生产环节放在中国进行。以引进外资为基础发展起来的高技术产业，虽然表面上体现了中国整体产业结构的进步和优化，但实际上，这些产业的关键技术仍然为外商所控制，鼓励高技术含量外资进入所实现的产业结构进步大多体现在“流量”意义上的统计。而且，从外商投资企业销售额和出口额在高技术产业中所占比例居高不下这一现实情况也可以看出，高技术产业的技术溢出效应较低，经过多年的发展，内资企业在这一领

① 高技术产业包括医药制造业、航空航天及其制造业、电子及通信设备制造业、电子计算机及办公设备制造业、医疗设备及仪器仪表制造业五大类。

域的发展相当缓慢。

要素价格扭曲影响引进外资的积极效应，导致部分应当归属于中国要素的收益转移给跨国公司或国外消费者。制造业是中国开放程度最高，也是外资优惠政策最多的领域。中国要素价格扭曲，吸引外资发展起来的产业体系，使中国成为世界的“制造中心”。改革开放以来，中国为了吸引外商直接投资，实施了一系列针对外商直接投资的税收优惠。对外商投资企业的税收优惠使得内资企业尤其是内资民营企业和外商投资企业在市场上处于不平等的地位。尽管2008年以后，内外资企业在税收方面的差别待遇基本消除，但是地方政府为了促进本地经济的发展，仍在可支配的财政权限内，利用税收返还、土地价格优惠等措施吸引外商来本地投资。地方政府以优惠土地政策争夺外资项目导致的恶性竞争，加剧了土地市场价格的扭曲程度，将部分应由土地要素获得的收益转移给了外资投资企业，并且降低了外资进入的门槛，将部分效率较低的外资也引进来，从而影响了引进外资的经济效应。

环境要素价格的低估导致环境问题日趋严重。降低环境标准、低估环境要素价格也是地方政府之间争夺外资项目可利用的重要手段。中国较为宽松的环境规制以及地方政府在执行及监管上的权限，导致地区之间环境标准及相关规费也成为地方政府吸引外资的竞争手段。中国引进的外资中，有一部分属于高污染的行业。在“化学原料和化学制品制造业”“医药制造业”“化学纤维制造业”“橡胶和塑料制品业”四个污染最为严重的行业，外商投资企业的主营业务收入占全行业的比例均超过20%。[①]地方政府的恶性竞争以及以GDP增长为中心的地方政府绩效考核机制，导致低估环境要素价格问题现实存在，且在经济水平发展到较高阶段，仍没有明显改善的迹象。低估环境要素价格以吸引外资、促进出口的区域竞争忽略了因此而付出的环境成本，社会为此付出了隐性的代价。在企业未对污染及排放支付对应成本的情况下，这一成本由社会承担，国内土壤污染、水污染、大气污染不断加剧，环境条件持续恶化，隐含的是经济发展背景下国民福利的损失。

五、结论性评述

本章在环境要素理论框架下，分析中国要素价格扭曲的原因及要素价格

---

① 数据来源：2014年《中国统计年鉴》。

扭曲的表现,并量化测度要素价格扭曲程度,构建模型分析要素价格扭曲对出口贸易的影响。

要素价格扭曲指市场不完全下要素价格与机会成本的背离,导致生产要素的低效配置。中国要素市场存在广泛的政策引致性扭曲。这些扭曲表现为:在环境治理方面,环境要素价格被低估,消耗环境要素无须支付相应对价;在劳动力流动方面,户籍制度及与此挂钩的社会保障限制了劳动力城乡流动和跨地区流动;在资金配置方面,把有限的资金优先分配到国家优先发展的项目和产业;在对外贸易方面,实行进口许可证、保护性关税、外汇管制等促进出口贸易。

在要素价格扭曲程度的测度上,将环境要素作为一种投入要素纳入生产函数,构建一个包含资本、劳动和环境的三要素超越对数生产函数。同时,在计算资本要素的成本时,考虑到市场风险主要由投资者承担,将投资者对市场风险的预期也作为资本的成本。在此基础上,估计生产函数,通过计算三种要素的边际收益,并将其与要素成本比较测度要素的扭曲程度。测度结果显示,全部企业要素整体的价格存在负向扭曲,且扭曲程度不断扩大,要素价格扭曲对出口具有促进作用。从环境要素来看,外商投资企业环境的边际收益最低,环境要素价格的正向扭曲程度大幅度高于全部企业及国有企业。

中国要素价格是出口导向政策下促进出口增长的重要因素。然而,要素价格扭曲引致消费不足和投资过剩,导致中国产业大而不强,高端产品出口由外资主导,并导致部分应当归属于中国要素的收益转移给跨国公司或国外消费者。环境要素价格低估导致中国环境问题日趋严重,贸易快速发展隐含的是国民福利的损失。

第六章
环境要素价格对外商对华直接投资的影响

环境要素作为一种新型的要素，其价格的影响因素在实践中包括环境政策和政策执行两个层面。中国环境政策在执行上的差异，导致中国不同地区实际执行的环境标准不同，环境要素价格存在事实上的差异。外商对华直接投资增长快速，其出口支撑着中国出口的半壁江山。环境要素价格对外商直接投资的影响也将影响对外贸易。

一、中国的环境政策与执行

在中国环境治理体系下，中央政府制定环境政策，地方政府具体执行。在环境政策方面，地区差异来自两控区政策，相对于非两控区，两控区的环境标准更高。在环境政策执行方面，环境政策的执行主体是地方政府的环保部门，而地方政府在本地经济发展指标的约束下，倾向于牺牲环境，优先促进发展，存在部分执行或者不执行环境政策的动机。环境政策在执行方面的差别导致不同地区甚至是不同经济主体之间的环境要素价格存在事实上的差异。也就是说，中国环境要素定价在实践中包括环境政策和政策执行，而这两者之间存在一定的差异。中国实施的两控区政策，导致环境政策的执行也存在显著的地区差异，在两控区，地方政府在环境考核指标的约束下对环境标准的执行力度更高。

综观已有研究可以发现，环境要素成本差异或变化对企业投资决策的影响在理论上显而易见。在要素全球流动的条件下，环境要素价格变化通过影响企业的成本而影响其收益，成为跨国直接投资需要考虑的重要因素。但有关中国数据的实证结论却大不相同。

这可能是因为，中国环境政策和政策执行之间存在一定的差异，而环境因素是影响企业投资决策诸多因素中的一种，对不同地区、不同污染或排放程度的外商对华直接投资影响的程度和方向不同，高污染、高排放行业的企业对环境标准的变化更为敏感。环境政策执行差异是中国环境治理体制的一个重要特征，但目前尚无文献从这一视角就环境因素对外商对华直接投资的影响进行分析。

本书试图在这一方面有所突破。外商投资企业是跨国公司依照要素禀赋及比较优势将中国纳入全球产业分工布局的重要媒介,也是中国在本国产业技术落后的背景下从国际市场进口高技术中间品、嵌入国际分工的主要媒介。2014 年,外商投资工业企业产值在工业总产值中所占的比例为 22.97%,外商投资工业企业出口额占其产值的 30.7%,而同期工业企业出口额占其总产值的比例仅为 10.84%。外商投资工业企业出口额占中国工业出口额的比例达到 65.06%。①本书从理论上分析中国环境政策与政策执行的差异对外商对华直接投资影响的路径及机制,并通过实证分析,客观测度环境政策与政策执行的变化对外商对华直接投资的影响。

本书在理论上,从中国环境政策及执行的角度,构建理论框架,分析环境政策与政策执行的差异影响外商对华直接投资的内在机制。在实证上,鉴于目前尚无有效的数据可以衡量环境政策执行的差异,因此利用两控区和非两控区在环境政策及执行的差异,以及环境标准变化对不同排放密度企业影响不同的客观事实,从外商直接投资进入选择和外商直接投资企业发展两个层面分析环境因素对外商对华直接投资的影响。

二、理论基础及模型构建

这部分在企业异质性理论框架下分析环境规制影响外商对华直接投资的机制。在此基础上,构建实证分析模型。

(一) 理论分析框架

中国环境政策在执行上存在的差异,导致中国企业实际适用的环境标准存在差异。鉴于此,从环境政策执行差异的视角,将环境因素引入 Melitz (2003)的异质性企业模型,建立本书研究的理论分析框架。

假设消费者的效用函数为 C.E.S.型:

$$U=\left[\int_{\omega\in\Omega}q(\omega)^{\rho}d\omega\right]^{1/\rho} \tag{6-1}$$

---

① 2014 年,工业企业的统计口径为主营业务收入为 2 000 万元及以上的工业企业。外商投资企业包括中国港、澳、台地区投资企业。数据来源:中国国家统计局,《2014 年中国工业统计年鉴》,中国统计出版社 2015 年 4 月版。

其中，Ω 表示消费者可获得的产品集合；$q(\omega)$表示产品 ω 的消费量；产品之间可替代，产品替代弹性为 $\sigma=1/(1-\rho)>1$，$0<\rho<1$。

则产品集合 Ω 的价格水平为：

$$P=\left[\int_{\omega\in\Omega}p(\omega)^{1-\sigma}d\omega\right]^{1/(1-\sigma)} \tag{6-2}$$

产品 ω 的消费量和消费支出分别为：

$$q(\omega)=Q\left[\frac{p(\omega)}{P}\right]^{-\sigma} \tag{6-3}$$

$$r(\omega)=R\left[\frac{p(\omega)}{P}\right]^{1-\sigma} \tag{6-4}$$

其中，Q 表示产品集 Ω 的整体消费水平。$r(\omega)$表示消费者在产品 ω 的消费支出，$R=PQ=\int_{\omega\in\Omega}r(\omega)d\omega$ 表示整体支出。

假设存在连续的企业，每个企业生产一种产品 ω，生产率为 φ；企业用一种要素生产产品，产品的成本包括固定成本 f 和不变的边际成本。如果不考虑环境因素，则产品的成本函数为 $c=f+q/\varphi$。

如果考虑排放及环境治理成本，假设企业生产单位产品的排放损耗为 θ，单位产出的排放为 $e(\theta)$，$e'(\theta)>0$，企业根据环境标准 τ 控制排放。假设环境政策和执行之间存在差异，本书用 τ^{β} 表示企业实际适用的环境标准，其中，$0\leqslant\beta\leqslant1$ 表示环境标准的执行情况，$\beta=0$ 表示完全不执行环境标准，$\beta=1$ 表示完全执行环境标准。$a=\frac{1}{1-\theta}\tau^{\beta}e(\theta)$，表示环境成本，由企业的环境效率 θ 和实际适用的环境标准 τ^{β} 决定，包括排放损耗的单位产品生产成本及排放控制成本，$a\geqslant1$。则产品的成本函数为

$$c=f+a\frac{q}{\varphi} \tag{6-5}$$

假设要素价格标准化为 1，则利润最大化条件下的价格为：

$$p(\varphi)=\frac{a}{\rho\varphi} \tag{6-6}$$

企业的利润函数为：

$$\pi(\varphi)=r(\varphi)-c(\varphi)=\frac{p(\varphi)q(\varphi)}{\sigma}-f \tag{6-7}$$

任意两个企业之间的产量及收入由生产率及环境成本 a 决定。

$$\frac{q(\varphi_1)}{q(\varphi_2)}=\left(\frac{a_2\varphi_1}{a_1\varphi_2}\right)^{\sigma}\quad \frac{r(\varphi_1)}{r(\varphi_2)}=\left(\frac{a_2\varphi_1}{a_1\varphi_2}\right)^{\sigma-1} \tag{6-8}$$

在开放经济条件下,产品集合 Ω 由国内厂商和国外厂商生产,所有在市场上存续的企业,其利润水平均大于等于零,即 $\pi(\omega)\geqslant 0$。由于国外企业进入本国市场的固定成本比本国厂商高,在环境成本相同的条件下,国外厂商的生产率高于国内厂商。假设在要素市场和产品市场出清的均衡条件下,产品集合 Ω 由外国企业和本国企业生产的比例分别为 δ 和 $1-\delta$。

假设所有企业排放损耗 θ 及排放 $e(\theta)$ 相同,政府提高环境标准,环境标准得到完全执行,$\beta=1$,即所有企业的环境成本 a 相同。根据式(6-2)和式(6-6),考虑环境因素的产品价格为

$$p(\omega)=ap'(\omega) \tag{6-9}$$

其中,$p'=\dfrac{1}{\rho\varphi}$ 表示不考虑环境因素时产品 ω 的价格,则

$$P=a\left[\int_{\omega\in\Omega}p'(\omega)^{1-\sigma}d\omega\right]^{1/(1-\sigma)}=aP'(\omega) \tag{6-10}$$

其中,$P'=\left[\int_{\omega\in\Omega}p'(\omega)^{1-\sigma}d\omega\right]^{1/(1-\sigma)}$ 表示不考虑环境因素时产品的价格水平。

由式(6-4)可得

$$r(\omega)=R\left[\frac{p(\omega)}{P}\right]^{1-\sigma}=R'\left[\frac{p'(\omega)}{P'}\right]^{1-\sigma} \tag{6-11}$$

由于劳动市场出清,总收入 R 不变,因此,企业的收入 $r(\omega)$ 不变。

根据式(6-11),国内市场在实现新的均衡时,各个企业收入 $r(\varphi)$ 和利润 $\pi(\omega)$ 不变,没有企业退出本国市场,也没有新的企业进入本国市场。但产品的价格 $p(\omega)$ 上涨,消费量 $q(\omega)$ 下降,消费者效用下降。

假说 1:假设所有企业排放损耗 θ 及排放 $e(\theta)$ 相同,政府提高环境标准,且得到完全执行,$\beta=1$,即所有企业的 a 相同。则没有企业退出本国市场,也没有新的企业进入本国市场,即 δ 不变。但产品的价格 $p(\omega)$ 上涨,产量 $q(\omega)$ 下降,消费者效用下降。

假设企业的排放损耗 θ 及排放 $e(\theta)$ 不同,分为高效率 h 和低效率 l,如果

政府提高环境标准，且环境标准得到完全执行，不存在差异，即 $\beta=1$。则：

$$\begin{aligned} p^h(\omega) &= a^h p'(\omega) \\ p^l(\omega) &= a^l p'(\omega) \end{aligned} \tag{6-12}$$

由式(6-2)和式(6-9)可得：

$$P^h < P < P^l \tag{6-13}$$

其中，$a^h > a^l$，$P^h = a^h P'$，$P^l = a^l P'$。

由式(6-9)和式(6-10)可得：

$$r^l(\omega) < r(\omega) < r^h(\omega) \tag{6-14}$$

其中，$r^h(\omega)=R\left[\frac{p^h(\omega)}{P}\right]^{1-\sigma}$，$r^l(\omega)=R\left[\frac{p^l(\omega)}{P}\right]^{1-\sigma}$。

由式(6-11)可得：

$$\pi^l(\omega) < \pi(\omega) < \pi^h(\omega) \tag{6-15}$$

式(6-12)说明，政府提高环境标准，使得环境效率较低企业的利润下降，导致一些生产效率较低、环境效率低的企业将出现亏损而退出市场，本国国内资源出现闲置。在开放经济条件下，外国更高效率的企业进入国内市场，实现新的均衡。在新的均衡条件下，本国企业数量下降，外国企业数量增加，即 δ 上升。

假说 2：如果政府提高环境标准，且 $\beta=1$，则本国市场上生产效率低、环境效率低的企业将退出本国市场，外国高效率的企业进入本国市场，δ 上升。

假设所有企业排放损耗 θ 及排放 $e(\theta)$ 相同，环境标准不变，但环境主管部门对不同企业执行的环境标准存在差异，分为高标准执行 β_m 和低标准执行低 β_n，导致各企业实际适用的环境标准 τ^β 不同。则：

$$\begin{aligned} r^m(\omega) &< r(\omega) < r^n(\omega) \\ \pi^m(\omega) &< \pi(\omega) < \pi^n(\omega) \end{aligned} \tag{6-16}$$

其中，$r^m(\omega)$和 $\pi^m(\omega)$分别表示企业实际使用的环境标准为 β_m 时的收入和利润，$r^n(\omega)$和 $\pi^n(\omega)$表示企业实际适用的环境标准为 β_n 时的收入及利润。

式(6-16)说明，即使环境标准完全相同，如果环境主管部门对不同的企业执行不同的环境标准，也会导致企业实际的环境标准不同。在环境执行力度变化的影响下，生产效率低、实际使用标准提高的企业会出现亏损，从而退出市场，本国国内资源出现闲置。在开放经济条件下，外国更高效率企业将进入国内市场，实现新的均衡。在新的均衡条件下，外国企业数量增加，即 δ 上升。

假说 3：如果环境标准不变，但环境主管部门对不同企业的执行力度不同，即 β 不同，则生产效率低、环境执行程度提高的企业将退出本国市场，外国高效率企业进入本国市场，δ 上升。

（二）实证模型构建及数据说明

政策执行的地区差异尚无统计数据可以衡量。中国 1998 年公布的“两控区政策”，在两控区城市，环境政策更为严格，且执行也更为严格。在实证分析期间，即 2003 年至 2007 年，全国范围的环境政策没有明显调整，城市层面的环境政策差异主要源自 1998 年公布的“两控区政策”。鉴于此，将外商对华投资新设企业分为两控区样本和非两控区样本，通过比较分类样本的估计结果，分析环境政策及政策执行对外商投资企业区位选择影响的差异。

条件 Logit 模型属于个体选择模型，用于分析特征变量对个体选择的影响。故选择条件 Logit 模型，实证分析中国城市层面的环境因素对外商对华直接投资区位选择的影响。计划进入中国市场的跨国公司 f 面临备选投资地 $J(J=1,\ 2,\ \cdots,\ n)$ 的选择问题。假设 f 选择在地区 j 投资的收益为 π_j，$\pi_j=\beta X_j+\varepsilon_j$，其中 X_j 表示地区 j 的可观察变量，β 表示待估计的参数，ε_j 表示地区 j 不可观察的因素。如果跨国公司 f 选择在地区 j 投资的收益 π_j 大于在其他地区投资的收益 π_i，则其选择在地区 j 投资的概率为 $P(\pi_j>\pi_i)(i\neq j)$。根据 McFadden(1974)的研究，如果 ε_j 满足独立不相关性的假设，则跨国公司 f 在 n 备选投资地中选择在地区 j 投资的概率可以表示为条件 Logit 模型的形式。由于跨国公司通常根据上一年度的地区经济指标来决定其投资的区位，因此城市的变量均采取滞后一期的形式。则实证分析的模型可写成：

$$P(j)=\exp(\beta X_{jt-1})/\sum_{i=1}^{n}\beta X_{it-1}(i\neq j) \tag{6-17}$$

根据上述理论分析并参考已有研究文献，除了环境因素以外，产业集聚程度、劳动力成本、人口密度、市场化规模、市场化水平、基础设施等均会对 FDI 的区位选择产生影响。因此，模型的解释变量如下：

环境规制 E。环境规制常用的衡量指标可以分为两类：一是环境规制评估或调查数据，如“世界经济论坛”(World Economic Forum, WEF)的环境规制指标(Derek, 2009)。这类数据大多只有国家层面的数据，通常用于多国模型的估计。二是可对比的定量衡量指标，主要包括三个层面：污染物排放成本，如碳排放税、排污费等；以环境合规为目的的投资，如污染治理研发投入、污染治理投资、减排设施投资等；环境治理的效果，如空气质量指数(AQI)、废水排放达标率、二氧化硫去除率等。根据研究目的以及数据的可获得性，用三个指标来衡量环境规制的变化：第一，地级市层面二氧化硫去除率、工业烟尘去除率和工业废水排放合格率三个衡量环境治理效果指标的加权平均构建反映城市环境治理水平的综合性指标 Ei。第二，将二氧化硫去除率 S 及工业烟尘去除率 D 两个统计指标作为衡量环境规制变化的参考变量。这三个变量均采用其滞后一期的统计数据。根据上述理论分析，一方面，一个地区的环境规制越严格，企业用于环境合规的支出或投入越高，其成本也越高，在其他条件不变的情况下，该地区对 FDI 的吸引力就越低。因此，环境规制对 FDI 进入的影响为负。另一方面，环境标准的提高，将导致市场上低效率的企业出现亏损而退出，市场机会增加，吸引 FDI 进入，环境标准对 FDI 进入的影响为正。因此，环境规制对 FDI 进入的影响不确定。

产业集聚程度 IP。集聚效应程度是影响跨国公司区位选择的重要因素(赵伟、张萃，2007；余珮、孙永平，2011)。一些研究采用该地区外商投资企业的投资规模或产出规模来衡量产业集聚程度(许罗丹、谭卫红，2003；何兴强、王利霞，2008；罗宏翔、赵果庆，2012)。但这一指标主要是为了反映该地区的制造能力及工业配套能力，而外商投资企业的投资规模或产出规模并不能全面、客观反映该情况。因此，本书选择地级市层面的工业产出滞后一期来衡量该指标。一个地区的产业集聚程度越高，表示其制造能力及工业配套能力越强，对外商直接投资的吸引能力越强，预期符号为正。

劳动成本 W。劳动成本作为企业成本的重要组成部分，是影响跨国公司投资决策的主要因素之一。本书用地级市层面的职工平均工资滞后一期来衡量。较高的工资水平在一定程度上意味着较高的劳动技能，这有利于吸引 FDI 流入。而另一方面，工资水平越高，企业所支付的劳动成本就越高，这会降低对 FDI 的吸引程度。因此，劳动成本对 FDI 进入影响的预期符号不确定。

人口密度 PI，用以反映一个地区的土地成本。此处用地级市层面的单位面积人口数量滞后一期来衡量。人口越密集的城市，土地资源越稀缺，其土地成本也越高，对 FDI 进入的吸引力越低。因此，人口密度的预期符号为负。

市场化水平 *ML*。市场化水平越高，说明政府等非市场因素的影响越弱，市场面对资源配置的支配程度越高，政策透明度和公平竞争程度也就越高。这可以降低企业经营的非市场风险。黄金树（2005）指出，一个地区国有企业产值所占的比重越高，其制度性的扭曲程度可能越严重，资源配置受非市场因素的影响越大，市场化水平就越低。因此，此处用地级市层面"国有及国有控股工业企业"工业总产值在该市工业总产值中所占比例的滞后一期来衡量市场化水平。*ML* 的值越高，表示市场化水平越低，对外商直接投资的吸引程度越低。因此，*ML* 的预期符号为负。

市场规模 *P*。中国的经济发展推动市场规模不断扩大，市场规模对外商直接投资决策的影响日益凸显。由于中国仍然在一定程度上存在地方保护主义，国内市场仍未实现高度一体化，区域分割的现象较为严重。赵奇伟、熊性美（2009）认为，尽管中国的市场分割程度趋于收敛，但仍然现实存在。因此，一个地区的市场规模会影响 FDI 的区位选择。此处用地级市层面的人均 GDP 滞后一期来衡量市场规模。市场规模越大，对 FDI 的吸引程度就越高，其预测符号为正。

基础设施水平 *IF*。基础设施包括教育水平、交通便利化程度、通信普及率、水电的可获得性及价格水平、邮政效率等多个方面，已有的研究常用交通的便利化程度来表示，如高速公路密集度（田素华、杨烨超，2012）、公路密集度（邓利华，2010）等。但这两个指标和人口密度有较高的关联度，通常在人口密集的地区，这两个指标的数值也越高，而模型自变量之间较高的相关性会导致估计偏误。因此，此处选择与人口密度关联度较低的通信普及率来衡量基础设施水平。根据数据可得性，通信普及率用地级市层面每万人中固定电话使用户数、移动电话使用户数、互联网的使用户数的加权平均数的滞后一期表示。基础设施水平的提高，在提升便利化程度的同时，也意味着更高的土地价格及租金。因此，*IF* 对 FDI 进入的影响不确定。

腐败程度 *COP*，用每万公务人员中职务犯罪立案数量的滞后一期来衡量。由于此指标没有城市层面的数据，故此处用省级数据来替代。腐败程度对 FDI 进入的影响主要包括两个方面：一是腐败导致政策在执行方面的差距扩大，吸引更多效率低的外资企业的进入；二是腐败会降低透明度，恶化营商环境，增加企业运营的不确定性，从而影响外资企业的进入。因此，腐败程度 *COP* 对 FDI 进入的影响不确定。

两控区虚拟变量 TCZ,用于表示一个城市是否属于两控区,如果该城市属于两控区,则赋值 1;如果该城市不属于两控区,则赋值 0。

基于环境规制相关指标可得性以及企业数据库可信度的考虑,此处选择 2003 年至 2007 年新设外商投资企业在中国以地级市为单位的区位选择作为研究样本,具体样本分布如表 6-1 所示。表 6-1 显示,虽然非两控区的环境规制比两控区的环境规制低,但仍然有更多的跨国公司选择在两控区设立直接投资企业。

表 6-1　新设外商直接投资企业的地区分布及投资去向

年度	企业总数	企业的地区分布		城市总数	投资的去向	
		两控区	非两控区		两控区	非两控区
2003	969	827	142	164	108	56
2004	2 365	2 068	297	197	126	71
2005	1 461	1 154	307	181	118	63
2006	1 547	1 323	224	150	100	50
2007	1 787	1 496	291	167	108	59
合计	8 129	6 868	1 261	—	—	—

• 注:企业的地区分布表示该年度全部新设外商直接投资中,选址两控区城市和非两控区城市的企业个数;投资的去向表示该年度有新设外商投资企业的城市中,两控区城市的数目和非两控区城市的数目。数据来源:根据“中国工业企业数据库”中的新设外商直接投资企业和《中国城市统计年鉴》的城市数据匹配后的数据计算得来。

为了剔除价格因素的影响,此处将工业总产值和 GDP,分别用工业品出厂价格指数 PPI 和居民消费价格指数 CPI 平减为以 2002 年固定价格表示的数值。由于这两个价格指数没有城市层面的数据,此处用省级数据替代。在此基础上,将城市层面的数据和工业企业数据库中新设外商直接投资企业的数据匹配起来,构建 FDI 进入选择的条件 Logit 数据样本。此外研究的数据来自历年《中国检察年鉴》、历年《中国统计年鉴》、历年《中国城市统计年鉴》、“中国工业企业统计数据库”。

三、模型估计结果及分析

这部分分析模型估计结果并进行稳健性检验。

(一) 模型估计结果及分析

本书通过对环境规制的不同代理变量、环境规制存在差异的两控区样本和非两控区样本的分组估计来分析环境政策和执行力度对 FDI 进入的影响。环境规制对外商直接投资区位选择影响的全样本估计结果如表 6-2 所示，全样本的两控区与非两控区分类估计结果如表 6-3 所示。估计结果显示，除环境规制的变量之外，其他变量的系数符号基本相同，而分类样本最为主要的差异是环境规制相关变量，这说明模型估计的稳健性较高。

表 6-2　环境规制对 FDI 区位选择影响的全样本估计结果

解释变量	*Ei*			*S*			*D*		
ln *IO*	1.154***	1.308***	1.647***	1.215***	1.403**	1.800***	1.609***	1.826***	2.203***
E	0.284	0.368	0.696	0.537***	0.633***	0.808***	−1.006***	−1.122***	−1.230***
ln *W*	−0.610***	−0.725***	−1.096***	−0.672***	−0.822***	−1.142***	−0.956***	−1.129***	−1.432***
ln *PI*	−0.115***	−0.130***	−0.169***	−0.110***	−0.128***	−0.170***	−0.157***	−0.180***	−0.222***
ML	−5.919***	−6.611***	−8.254***	−6.380***	−7.274***	−9.191***	−7.896***	−8.860***	−10.590***
ln *P*	0.423***	0.456***	0.583***	0.477***	0.526***	0.683***	0.595***	0.648***	0.783***
IF	—	0.064	0.024	—	0.074	0.034	—	0.076	0.037
COP	—	—	−0.014***	—	—	−0.014***	—	—	−0.013**
Wald Chi^2	5 178.7	5 450.7	5 447.0	5 165.2	5 465.7	5 459.5	5 189.1	5 515.2	5 528.5
Psudo R^2	0.081	0.081	0.081	0.081	0.081	0.081	0.081	0.081	0.081

• 注：*、**、*** 分别表示在 10%、5%、1%的置信区间内显著。数据来源：根据 Stata 软件的条件 Logit 估计结果整理。由于 Stata 软件所估计的条件 Logit 模型回归系数并不直接反映解释变量对被解释变量的边际影响，此处采用平均概率弹性(Average Probability Elasticity，APE)来衡量回归系数的大小。由于平均边际效应的估计系数较小，表中解释变量的系数为原始估计系数乘以 1 000 的结果。

表 6-3　环境规制对 FDI 区位选择影响的全样本分类估计结果

变量	*Ei*			*S*			*D*		
ln *IO*	1.144***	1.290***	1.634***	1.198***	1.382***	1.780***	1.594***	1.805	2.184***
TCZ * *E*	0.347	0.439	0.689	0.800***	0.933***	1.196***	−0.929***	−1.031**	−1.122**
NTCZ * *E*	−0.080	−0.053	−0.063	−1.364***	−1.538***	−1.972***	−1.388***	−1.566***	−1.770**
ln *W*	−0.601***	−0.714**	−0.984**	−0.652***	−0.798**	−1.116**	−0.943	−1.111**	−1.415**
ln *PI*	−0.114***	−0.129**	−0.168**	−0.109**	−0.127**	−0.169**	−0.156	−0.178**	−0.221**
ML	−5.871***	−6.548***	−8.194***	−6.273***	−7.147***	−9.066***	−7.829	−8.766***	−10.508***
ln *P*	0.420***	0.453***	0.580***	0.465***	0.513***	0.669***	0.591	0.642***	0.779**
IF	—	0.062	0.022	—	0.073	0.031	—	0.073	0.034
COP	—	—	−0.014*	—	—	−0.015*	—	—	−0.013*
Wald Chi^2	5 241.44	5 534.72	5 525.63	5 146.89	5 474.79	5 456.22	5 217.12	5 550.02	5 566.75
Psudo R^2	0.081 2	0.081 2	0.081 4	0.082	0.082	0.082 3	0.081 1	0.081 2	0.081 2

• 注：解释变量中，*TCZ* 和 *NTCZ* 为两个虚拟变量。*TCZ* 表示两控区城市的值为 1，非两控区城市的值为 0；*NTCZ* 表示非两控区城市的值为 1，两控区城市的值为 0。借鉴 Dean and Mary 等(2009)的方法，在条件 Logit 模型这样的离散选择模型中，利用 *TCZ* * *E* 和 *NTCZ* * *E* 两个解释变量可在同一模型中分别估计两控区城市、非两控区城市的环境规制对 FDI 进入的影响。表中解释变量的系数为原始估计系数乘以 1 000 的结果。*、**、*** 分别表示在 10%、5%、1%的置信区间内显著。

分析表6-2、表6-3的估计结果发现，环境规制的相关变量对FDI的区位选择具有显著的影响，但其不同衡量指标对FDI区位选择的影响不同，两控区和非两控区的环境规制对FDI进入的影响不同。

第一，环境规制不同指标对FDI区位选择的影响不同。二氧化硫去除率S对FDI的区位选择具有显著的正的影响，而烟尘去除率D对FDI的区位选择则有显著的负的影响。这可能的原因是，相对于S，D在执行上更为严格。这从S和D两个指标在考察期间的变化趋势可以看出。中国城市整体的二氧化硫去除率虽然明显提升，从2003年的32.5%提高到2007年的48.6%，但仍然处于较低的水平；而烟尘的去除率则持续保持较高水平，从2003年的95%提高到2007年的97.2%。二氧化硫去除率整体较低，说明在实践中环境标准的执行存在较大差异，有较多的企业并未严格执行环境标准，通常外资企业实际执行的环境标准更高，[①]S统计值的提高，影响更多的是内资企业中环境标准低的企业，从而对内资企业产生挤出效应，吸引外资进入。而D的环境标准得到更为严格的执行意味着环境规制的提高会通过影响几乎全部企业的成本进而影响其利润，从而对FDI进入产生负面影响。Ei作为衡量环境规制的综合指标，其变化趋势和S类似，虽然在考察期间快速提高，从2003年的72.6%提高到2007年的79.6%，但仍然处于相对较低的水平，其对FDI进入的效应与S类似，具有正的影响，但不显著。

第二，在两控区城市，Ei对FDI进入的影响为正，但不显著，S对FDI进入具有显著的正向影响。其主要原因是，两控区政策作为中国控制酸雨和二氧化硫排放的重要环境政策，对外资准入实行严格的环境影响评估。外资进入两控区城市面临严格的环境监管，即环境标准执行力度β接近或等于1，反映环境规制S统计指标的提高主要来自非外资企业。根据上述理论分析，如果环境执行存在差异，则环境执行力度的提高对原来执行标准低的企业的影响更大，环境规制的强化将导致其出现亏损而退出市场。也就是说两控区环境规制的提高更多影响非外资企业，对其产生挤出效应，这反而增加对外资进入的吸引作用。Dt对FDI进入的影响显著为负，其可能的原因是，相对于

① Yanhua and Guobin(2013)通过访谈等分析2005年浙江画溪的污染抗议事件发现，当地居民基于复杂的人情关系等的考虑，对于提供更多就业机会且可能直接影响当地就业及收入的企业，即使其污染程度更加严重，通常也不会进行抗议，而地方政府基于本地区经济发展的考虑，通常也不会主动干预。虽然有部分研究表明，FDI规模的扩大会增加中国的环境压力(唐杰英，2012；He and Wang，2012)，但目前并没有发现生产同类产品，外资企业比内资企业的环境影响更大的证据。

其他指标,Dt 在考察期间得到严格的执行,其对非外资企业的挤出效应较小,对 FDI 进入的正向影响较弱,因此整体影响显著为负。

第三,在非两控区城市,Ei 对 FDI 进入的影响为负,但不显著,S 和 D 对 FDI 进入具有显著的负向影响。这主要是因为非两控区是中国经济发展水平较低、人口密度较低的地区,地方政府为了促进本地区经济的发展,会降低环境标准以吸引 FDI 进入。FDI 进入这些城市面临的环境规制相对较低,即环境标准执行力度 β 较低,环境规制统计指标的提高也是对外资企业环境执行力度 β 提高的结果,导致其成本增加,降低对 FDI 进入的吸引力。

其他因素对 FDI 区位选择的影响。全样本估计和全样本的分类估计结果中,其他因素对 FDI 区位选择的影响相似。产业集聚 IO 对 FDI 进入具有显著的正的影响,一个城市的产业集聚程度越高,越有利于吸引外商直接投资。工资水平 $\ln W$ 对 FDI 进入具有显著的负的影响,劳动力成本是影响外资企业区位选择的重要因素。人口密度 $\ln PI$ 对 FDI 进入具有负的影响,人口密度高意味着土地价格、租金等要素成本的上升,不利于吸引外商直接投资。市场化水平 ML 对 FDI 进入具有负的影响,较低的市场化水平说明政府干预等非市场因素的影响较大,企业经营面临的非市场风险较高,不利于吸引 FDI 进入。市场规模 P 对 FDI 进入具有正的影响,由于中国地方保护的现实存在,国内市场并没有完全实现一体化,一个城市的市场规模越大,对外商直接投资的吸引程度越高。基础设施对 FDI 进入的影响为正,但不显著。腐败程度 COP 对 FDI 进入具有负的影响。

(二) 稳健性检验

为了检验估计结果的稳健性,此处加入两控区虚拟变量,将总样本分为两控区样本和非两控区样本分别对模型进行估计。估计结果与上述没有显著差别,说明模型估计具有较好的稳健性。

第一,虚拟变量。为了控制两控区和非两控区隐藏因素的影响,加入两控区虚拟变量对模型进行估计,估计结果如表 6-4 所示。与表 6-2 相比,加入控制变量后,环境规制对 FDI 区位选择的影响并无明显差别,产业集聚等其他控制变量对 FDI 区位选择的影响在符号和显著性上均相同。

第二,分类样本估计。考虑到在两控区和非两控区环境规制对 FDI 进入的影响不同,将样本分为两控区样本和非两控区样本,分别估计环境规制对 FDI 的影响,估计结果如表 6-5、表 6-6 所示。从两控区样本的估计结果来看,

表 6-4　环境规制对 FDI 区位选择影响的全样本估计结果(两控区虚拟变量)

变量	*Ei*			*S*			*D*		
ln *IO*	1.139***	1.282***	1.617***	1.199***	1.379***	1.765***	1.585***	1.793***	2.159***
E	0.281	0.362	0.586	0.530***	0.623***	0.793***	−0.992***	−1.102***	−1.205**
ln *W*	−0.601***	−0.713**	−0.977**	−0.663***	−0.808**	−1.119**	−0.942**	−1.107***	−1.403**
ln *PI*	−0.113**	−0.128**	−0.166**	−0.109**	−0.126**	−0.167**	−0.155**	−0.177***	−0.218**
ML	−5.843***	−6.505***	−8.106***	−6.295***	−7.152***	−9.017***	−7.780***	−8.697***	−10.381***
ln *P*	0.417***	0.449***	0.573***	0.471***	0.518***	0.670***	0.587***	0.636***	0.768**
IF	—	0.062	0.023	—	0.073	0.033	—	0.074	0.036
COP	—	—	−0.014*	—	—	−0.014**	—	—	−0.013
TCZ	Y	Y	Y	Y	Y	Y	Y	Y	Y
Wald Chi^2	5 188.27	5 468.53	5 467.4	5 172.6	5 481.87	5 477.79	5 201.86	5 536	5 552.16
Psudo R^2	0.081	0.081	0.081 2	0.081 2	0.081 3	0.081 4	0.080 9	0.081	0.081

• 注:表中解释变量的系数为原始估计系数乘以 1 000 的结果。*、**、*** 分别表示在 10%、5%、1%的置信区间内显著。

表 6-5　环境规制对 FDI 区位选择影响的估计结果(两控区样本)

解释变量	*Ei*			*S*			*D*		
ln *IO*	0.191***	0.141***	0.210***	0.222***	0.213***	0.283***	0.233***	0.220***	0.282***
E	0.188***	0.139***	0.228***	0.158***	0.151***	0.201***	−0.031	−0.028	−0.012
ln *W*	−0.026*	−0.018**	−0.038**	−0.042***	−0.038***	−0.066**	−0.045**	−0.040**	−0.062**
ln *PI*	−0.013**	−0.009**	−0.014**	−0.012**	−0.011*	−0.015*	−0.017**	−0.015***	−0.020**
ML	−0.931***	−0.684***	−1.005***	−1.094***	−1.043***	−1.366***	−1.078***	−1.015***	−1.282***
ln *P*	0.068***	0.051***	0.075***	0.086***	0.083***	0.110***	0.079***	0.076***	0.095***
IF	—	−0.001	−0.011	—	−0.003	−0.014	—	−0.004	−0.014
COP	—	—	−0.002	—	—	−0.002***	—	—	−0.002***
Wald Chi^2	6 636.8	6 896.0	6 841.1	6 522.7	6 847.7	6 797.8	6 817.4	7 125.2	7 092.8
Psudo R^2	0.114	0.114	0.114	0.114	0.114	0.114	0.113	0.113	0.113

• 注:表中解释变量的系数为原始估计系数乘以 1 000 的结果。*、**、*** 分别表示在 10%、5%、1%的置信区间内显著。

Ei 和 *S* 对 FDI 进入的影响显著为正,而 *D* 对 FDI 进入的影响为负,但不显著;从非两控区样本的结果来看,*Ei*、*S* 和 *D* 对 FDI 进入的影响均显著为负。这和表 6-3 的全样本分类估计结果相似。值得注意的是,在两控区样本和非两控区样本的估计结果中,基础设施对 FDI 进入的影响符号不同,但均不显著。这可能是因为基础设施对 FDI 进入的影响具有两面性:一方面基础设施水平的提高意味着便利化程度的提高,对 FDI 进入有正的影响;但另一方面也会带动要素价格上涨对其产生负的影响。FDI 区位选择决策在两控区和非两控区受基础设施水平的影响有所不同。FDI 选择非两控区更多基于要素价格的考虑,基础设施改善带动要素价格提高对 FDI 进入的负面影响更加突出。

表 6-6　环境规制对 FDI 区位选择影响的估计结果(非两控区样本)

解释变量	*Ei*			*S*			*D*		
ln *IO*	0.311***	0.312***	0.135**	0.443**	0.592**	0.212*	0.250**	0.179***	0.090**
E	−1.096***	−2.782*	−1.206***	−1.665***	−4.634***	−1.769***	−1.175***	−1.208***	−0.606***
ln *W*	−5.721***	−4.739***	−2.210***	−7.907***	−9.600***	−3.716***	−3.809***	−2.541***	−1.343***
ln *PI*	−0.240***	−0.330***	−0.161***	−0.330***	−0.688***	−0.283***	−0.171***	−0.188***	−0.103***
ML	−4.974***	−6.064***	−2.715***	−7.018***	−13.069***	−4.766***	−3.049***	−2.984***	−1.529***
ln *P*	0.832***	3.558***	1.613***	1.079***	7.382***	2.763***	0.592	1.829***	0.945***
IF	—	−20.068***	−8.906***	—	−43.790***	−15.939***	—	−10.007***	−5.084***
COP	—	—	−0.008*	—	—	−0.019***	—	—	−0.004
Wald Chi^2	405.4	417.6	426.1	401.6	446.5	454.4	450.5	410.1	417.7
Psudo R^2	0.031	0.047	0.048	0.032	0.049	0.049	0.033	0.049	0.049

• 注:表中解释变量的系数为原始估计系数乘以 1000 的结果。 * 、** 、*** 分别表示在 10%、5%、1%的置信区间内显著。

四、结论性评述

考虑到外商直接投资企业是中国嵌入国际分工的重要媒介,也是中国对外贸易的重要主体和推动因素,本章基于中国环境政策与执行之间存在差异的现实情况,利用新建外商投资企业的数据,构建模型分析环境要素价格对外商对华直接投资区位选择的影响,以期更为系统地分析环境要素通过影响外商直接投资进入选择进而可能对贸易产生的影响。

环境要素作为一种新型的要素,其价格的影响因素在中国的实践中包括环境政策和政策执行两个层面。中国环境政策在执行上的差异,导致环境要素价格存在事实上的差异。而中国实施的两控区政策,使环境政策的执行也存在显著的地区差异,在两控区,环境标准的执行力度更高。

基于中国的这种现实情况,从环境政策执行差异的视角,将环境因素引入 Melitz(2003)的异质性企业模型,建立理论框架,分析环境政策与政策执行的差异影响外商对华直接投资的内在机制并指出:更严格的环境规制体系,即执行程度不变条件下环境标准的提高,或者环境政策不变条件下执行程度的提高,都将导致低效率企业退出市场。在开放经济条件下,这会吸引外国高效率企业的进入。

在此基础上构建实证模型，利用外商投资新设企业两控区样本和非两控区样本实证分析指出：两控区城市、非两控区城市的环境要素衡量指标对外商直接投资进入选择的影响明显不同。二氧化硫去除率在两控区城市对外商直接投资进入有正的影响，而在非两控区城市则对外商直接投资进入具有负的影响。

第七章
环境要素价格对贸易的影响

在开放经济条件下,环境作为生产要素之一,其价格通过影响产业转移以及产业链的跨国布局影响产品成本,进而影响其国际竞争力。中国较低的环境要素定价及以外商直接投资为主要媒介参与国际价值链分工的模式如何影响中国的对外贸易?本章先分析较低的环境要素定价是否使中国成为高污染产业的集聚地,继而构建模型分析环境要素对出口贸易的影响。

一、"污染避难所假说"的中国检验

这部分分析污染产业"避难所"的检验方法,并对检验方法做了修正。在此基础上利用修证的方法进行中国验证。

(一) 污染产业"避难所"的检验方法

一国在国际分工中是否更多地集聚了污染产业,即污染产业"避难所"的检验,在实证分析中主要分为两个方面:一是检验 FDI 的区位选择是否受环境标准变化的影响,环境标准较低的国家是否更多地集聚了污染产业(Birdsall and Wheeler, 1993; List and Co, 2000)。二是检验一国在污染产品生产、消费和贸易方面的动态变化。如果在一定时期内,一国污染密集型产品的净出口相对于国内消费的比重呈上升趋势,则说明其他国家向该国转移了污染产业(Janicke et al., 1997; Cole, 2004)。

本主题研究借鉴 Cole(2004)的方法,通过分析分行业净出口消费指数的变化趋势来判断中国是否成为转移污染产业的"避难所"。净出口消费指数表示为:

$$D_{jt}=\frac{X_{jt}^{d}-M_{jt}^{d}}{C_{jt}} \tag{7-1}$$

其中,D_{jt} 表示一国 t 时期 j 行业的净出口消费指数,X_{jt}^{d} 和 M_{jt}^{d} 分别表示 t 时期该国 j 行业对发达国家的出口和进口,$C_{jt}=P_{jt}-X_{jt}^{d}+M_{jt}^{d}$ 表示 t 时期

该国 j 行业的消费总额，P_{jt} 表示 t 时期该国 j 行业的产出。如果在一定时期内，高排放行业的净出口消费指数呈上升趋势，说明发达国家向该国转移了污染产业，“污染避难所假说”成立。

（二）检验方法的修正及数据说明

Cole(2004)构建的净出口消费指数是在发达国家和发展中国家环境标准存在差异的前提，发达国家环境标准的提高在经济全球化背景下，使原来在发达国家生产的高污染产品转移到发展中国家，而引起发达国家和发展中国家之间贸易模式和贸易流向的变化。然而在现实中，随着垂直专业化程度的不断提高，不同国家产业内分工和联系日益密切，产业转移不仅会影响产业转出国和转入国之间贸易流向的变化，而且导致关联国家之间的贸易流向、流量发生变化。发达国家原来在国内生产的产品同时供应国内和国际市场，而且需要从其他国家进口相关的中间投入品。发达国家的某些产业或产业的某些链节向发展中国家转移后，在该国生产的产品也必然出口到产业转出国及其他关联国家。因此，基于经济全球化下产业分工的特征，为了更客观地反映不同国家之间环境标准差异对污染产业转移的影响，本章对净出口消费指数进行修正，以一国对全球的净出口相对于本国消费的变化构建修正的净出口消费指数，据此检验中国是否在国际分工中成为污染产业的“避难所”。

因此，修正的净出口消费指数表示为：

$$D_{jt}^{*} = \frac{X_{jt}^{w} - M_{jt}^{w}}{C_{jt}} \tag{7-2}$$

其中，D_{jt}^{*} 表示一国 t 时期 j 行业修正的净出口消费指数；X_{jt}^{w} 和 M_{jt}^{w} 分别表示该国 t 时期 j 行业对全球的出口总额和进口总额。如果在考察时期，中国高排放行业的修正净出口消费指数呈上升趋势，说明其他国家（主要为发达国家）向中国转移了高排放行业，“污染避难所假说”在中国成立，反之则说明中国向外转移了高排放行业，“污染避难所假说”在中国不成立。

本研究以工业为分析对象。由于“烟草加工业”属于国家垄断行业，“电力蒸汽热水生产供应业”“煤气的生产和供应业”“自来水的生产和供应业”属于国家控制行业，且进出口额较低，这部分所分析的工业部门包括 30 个行业。行业的排放密度以单位产出的直接能耗衡量，直接能源消耗以各行业消耗的标准煤表示，不考虑能源消费结构差异的影响，则排放密度＝（标准煤 * 标准煤

的 CO_2 排放系数)/工业总产值。其中,标准煤的排放系数借鉴 Pan, et al.(2008)的做法,假定为 2.13 吨 CO_2/吨标准煤。工业总产值利用分行业工业品价格指数平减为以 1995 年价格表示的固定价格产值。鉴于数据可得性及连续性的考虑,考察期间为 1995—2015 年。贸易数据来自 UN Comtrade 数据库,根据盛斌(2002)归纳的海关 HS 编码和中国工业行业的对应表,将按海关 HS 编码统计的进出口贸易额归并成按行业统计的贸易额。中国分行业工业总产值数据、价格指数及能源消耗的数据来自历年《中国统计年鉴》。其他数据来自《中国统计年鉴》《中国工业统计年鉴》。

(三) 验证结果及分析

根据排放密度的高低,将 30 个行业分为 7 个高排放行业、7 个低排放行业和 14 个中等排放行业。借鉴李小平、卢现祥(2010)的方法,利用以 1995—2015 年的修正净出口消费指数 D^* 为因变量、时间为自变量回归的结果来判断净出口消费指数的变化趋势。如果时间项的系数显著为正,表示净出口消费指数有增加的趋势;如果时间项的系数显著为负,表示净出口消费指数有下降的趋势;如果时间项的系数不显著,表示净出口消费指数的变化趋势不明显。根据式(7-2)计算的分行业修正净出口消费指数及趋势判断结果如表 7-1 所示。

表 7-1 显示,在 7 个排放密度最高的行业中,"煤炭采选业"和"石油和天然气开采业"两个行业时间项(t)的系数显著为负,说明这两个排放密度最高行业的修正净出口消费指数在考察期间呈下降趋势,这些行业在中国的集聚程度不断下降。"黑色金属矿采选业"和"化学工业"两个行业(t)的系数显著为正,说明这两个行业在中国的集聚程度不断提高。"石油加工及炼焦业""非金属矿物制品业"和"黑色金属冶炼业"三个行业在中国集聚程度的变化趋势不显著。在 7 个排放密度最低的行业中,3 个行业的净出口消费指数呈显著上升趋势,4 个行业的净出口消费指数呈显著下降趋势。在 16 个中等排放的行业中,4 个行业的修正净出口消费指数显著下降,7 个行业的指数显著上升,4 个行业指数的变化趋势不显著。

分析上述分行业修正净出口消费指数的变化趋势可以发现,从产业转移的角度来看,在 1995—2015 年,高排放行业呈双向转移态势,既有转移进中国的,也有转移出中国的,这并不能说明中国成为高排放产业的"避难所"。中等排放行业和低排放行业的转移也是双向的,转移进中国的行业明显多于转移出中国的行业,中等排放行业和低排放行业在中国的集聚程度有所提高。也就是说,中国作为全球化发展的重要一环,发达国家在价值链分工发展中向

表 7-1　中国分行业修正净出口消费指数的变化趋势

分类	行　业	1995 年	2000 年	2005 年	2010 年	2015 年	t 系数
高排放行业	煤炭采选业	0.073	0.099	0.043	−0.047	−0.030	−0.008 2***
	黑色金属冶炼业	−0.022	−0.093	−0.039	0.005	0.032	0.006 4***
	石油和天然气开采业	−0.032	−0.272	−0.384	−0.486	−0.551	−0.027 5***
	石油加工及炼焦业	−0.038	−0.035	−0.031	−0.030	−0.047	0.000 1
	非金属矿物制品业	0.056	0.065	0.095	0.051	0.055	−0.000 4
	化学工业	−0.084	−0.117	−0.114	−0.040	−0.009	0.004 2***
	黑色金属矿采选业	−0.534	−0.507	−0.619	−0.489	−0.346	0.004 6
中等排放行业	非金属矿采选业	0.351	0.145	−0.068	−0.029	−0.020	−0.018 9***
	有色金属冶炼业	−0.076	−0.152	−0.111	−0.101	−0.038	0.001 9*
	造纸及纸制品业	−0.160	−0.221	−0.124	−0.063	−0.020	0.010 6***
	有色金属矿采选业	−0.078	−0.170	−0.271	−0.296	−0.244	−0.010 5***
	化学纤维制造业	−0.253	−0.152	0.113	0.181	0.256	0.030 1***
	纺织业	0.214	0.388	0.309	0.335	0.286	0.002 2
	橡胶塑料制品业	−0.017	−0.009	−0.001	0.004	0.014	0.001 7***
	食品加工制造业	0.042	0.061	0.033	0.007	0.001	−0.003 1***
	金属制品业	0.159	0.306	0.439	0.222	0.187	−0.000 3
	医药制造业	0.033	−0.006	−0.011	−0.016	−0.029	−0.002 7***
	饮料制造业	0.047	0.033	0.021	0.001	−0.004	−0.002 8***
	木材加工业	0.168	0.058	0.295	0.065	0.031	−0.003 6
	普通机械制造业	−0.171	−0.131	−0.062	−0.008	0.037	0.011 3***
	专用设备制造业	−0.413	−0.286	−0.186	−0.006	0.043	0.025 6***
	印刷业	−0.004	0.016	0.042	0.028	0.019	0.002 0***
	家具制造业	0.603	3.140	2.876	0.943	0.678	−0.043 1
低排放行业	交通运输设备业	−0.034	0.047	0.047	0.029	0.006	0.001 5*
	文教体育用品业	0.234	0.404	0.395	0.270	0.053	−0.009 3**
	服装业	3.855	2.091	1.421	0.441	0.286	−0.135 1***
	皮革毛皮羽绒业	9.956	34.489	3.997	1.081	0.606	−0.674 0***
	仪器仪表业	0.053	0.033	−0.238	−0.217	−0.106	−0.014 8***
	电气机械制造业	0.069	0.152	0.078	0.105	0.159	0.002 4*
	电子及通信设备业	0.014	−0.025	0.171	0.223	0.151	0.011 3***

• 注：行业按 1995—2015 年直接排放密度平均值的高低从高到低排序。***、**、* 分别表示在 1%、5%、10%的置信区间内显著。限于篇幅，此处仅列出部分年度的修正净出口消费指数。

数据来源：UN Comtrade 数据库，https://comtrade.un.org/。

中国转移了高排放产业,也转移了低排放的清洁产业,相对宽松的环境标准并没有使中国成为发达国家转移污染产业的“避难所”,相对于低排放行业,高排放行业的集聚程度并没有显著提高。值得指出的是,尽管中国并没有成为高排放行业的集聚地,但如果考虑到中国全球制造中心的地位以及不断扩大的工业规模,尽管排放密度持续下降,但在短期内仍然难以改变排放规模持续增加的趋势。

二、不同行业贸易竞争力的变化趋势

为了进一步确认中国高排放行业是否具有更强的贸易竞争力,本研究利用贸易竞争力指标分析不同排放密度行业的贸易竞争力的强弱及变化趋势。贸易竞争力以分行业的贸易竞争力指数 TC 衡量。

$$TC_{ij}=(ex_{ij}-im_{ij})+(ex_{ij}+im_{ij}) \tag{7-3}$$

其中,TC_{ij}表示i国j行业的贸易竞争力指数,ex_{ij}表示i国j行业的出口额,im_{ij}表示i国j行业的进口额。贸易竞争力指数剔除了经济波动、通货膨胀等因素的影响,数值在-1, 1之间。该指数为-1时表示该产业只有进口,越接近于-1表示竞争力越弱;该指数为1时表示该产业只有出口,越接近于1表示竞争力越强。

贸易竞争力的变化趋势同样借鉴李小平、卢现祥(2010)的方法,以时间项系数的正负以及是否显著来判断贸易竞争力的变化趋势。根据式(7-3)计算的分行业贸易竞争力指数及趋势判断结果如表7-2所示。

表7-2显示,在7个排放密度最高的行业中,“煤炭采选业”“石油和天然气开采业”“石油加工及炼焦业”和“黑色金属矿采选业”四个行业时间项(t)的系数显著为负,贸易竞争力指数呈下降趋势。“黑色金属冶炼业”“非金属矿物制品业”和“化学工业”三个行业时间项(t)的系数显著为正,贸易竞争力指数不断提高。而这三个贸易竞争力指数不断提高的行业中,两个行业的贸易竞争力较弱,其指数小于零,仅“非金属矿物制品业”的贸易竞争力指数大于零,且贸易竞争力不断增强。在16个中等排放行业中,10个行业的贸易竞争力指数时间项系数为正,贸易竞争力呈上升趋势,其中,6个行业的贸易竞争力指数均值大于零,说明其具有较强的贸易竞争力;6个行业的指数项数为负,贸易竞争力呈下降趋势,其中,3个行业的贸易竞争力指数均值大于零。

表 7-2 中国不同贸易排放密度行业的贸易竞争力及其变化趋势

分类	行业	1995 年	2000 年	2005 年	2010 年	2015 年	均值	t 系数
高排放行业	煤炭采选业	0.865	0.910	0.511	−0.780	−0.921	0.169	−0.114 3***
	黑色金属冶炼业	−0.093	−0.445	−0.256	0.069	0.463	−0.125	0.045 3***
	石油和天然气开采业	−0.112	−0.750	−0.891	−0.957	−0.956	−0.775	−0.036 5***
	石油加工及炼焦业	−0.221	−0.209	−0.190	−0.239	−0.358	−0.268	−0.006 0**
	非金属矿物制品业	0.491	0.427	0.586	0.630	0.727	0.567	0.013 0***
	化学工业	−0.211	−0.294	−0.295	−0.169	−0.058	−0.212	0.006 9**
	黑色金属矿采选业	−0.998	−0.999	−1.000	−0.999	−1.000	−0.999	−0.000 1***
中等排放行业	非金属矿采选业	0.827	0.278	−0.234	−0.182	−0.198	0.038	−0.057 4***
	有色金属冶炼业	−0.266	−0.419	−0.403	−0.603	−0.452	−0.424	−0.015 8***
	造纸及纸制品业	−0.579	−0.694	−0.517	−0.378	−0.108	−0.479	0.031 5***
	有色金属矿采选业	−0.584	−0.871	−0.700	−0.959	−0.993	−0.854	−0.015 5***
	化学纤维制造业	−0.332	−0.250	0.187	0.452	0.673	0.141	0.060 2***
	纺织业	0.363	0.490	0.541	0.712	0.757	0.587	0.020 1***
	橡胶塑料制品业	−0.203	−0.089	−0.007	0.041	0.209	−0.037	0.020 1***
	食品加工制造业	0.109	0.290	0.206	0.083	0.016	0.164	−0.012 0***
	金属制品业	0.306	0.539	0.565	0.631	0.729	0.568	0.017 1***
	医药制造业	0.418	−0.088	−0.179	−0.237	−0.470	−0.130	−0.040 9***
	饮料制造业	0.889	0.670	0.484	0.025	−0.131	0.405	−0.060 1***
	木材加工业	0.226	0.095	0.518	0.426	0.277	0.337	0.012 5**
	普通机械制造业	−0.502	−0.324	−0.147	−0.035	0.177	−0.159	0.034 0***
	专用设备制造业	−0.834	−0.640	−0.372	−0.015	0.184	−0.318	0.058 4***
	印刷业	−0.063	0.152	0.453	0.361	0.400	0.260	0.027 7***
	家具制造业	0.851	0.903	0.907	0.904	0.914	0.900	0.000 9***
低排放行业	交通运输设备业	−0.149	0.185	0.178	0.151	0.045	0.058	0.007 3***
	文教体育用品业	0.724	0.877	0.873	0.882	0.859	0.852	0.004 7***
	服装业	0.905	0.925	0.956	0.951	0.913	0.931	0.001 1*
	皮革毛皮羽绒业	0.683	0.728	0.786	0.806	0.795	0.763	0.006 4***
	仪器仪表业	0.023	0.013	−0.089	−0.146	−0.079	−0.059	−0.009 1***
	电气机械制造业	0.115	0.192	0.119	0.264	0.465	0.218	0.014 5***
	电子及通信设备业	0.023	−0.037	0.140	0.222	0.207	0.127	0.011 8***

• 注："均值"指贸易竞争力指数 1995—2015 年的平均值。***、**、* 分别表示在 1%、5%、10%的置信区间内显著。限于篇幅，此处仅列出部分年度的修正净出口消费指数。

数据来源：UN Comtrade 数据库，https://comtrade.un.org/。

在7个排放密度最低的行业中，六个行业的时间项系数为正，且其贸易竞争力指数均值大于零，这说明其贸易竞争力较强，且处于不断提高的态势；仅一个行业的时间项系数为负，且其贸易竞争力指数均值小于零。

分析上述不同排放密度行业贸易竞争力的变化趋势可以发现，在1995年至2015年期间，相对于中等排放行业和低排放行业，中国在高排放行业并不具有更加明显的贸易竞争优势。中国相对较低的环境标准，并没有在高排放行业的贸易竞争优势上得到反映。这说明虽然较低的环境要素价格标准通过提高企业控制污染的支出影响企业成本，并最终影响其产品的贸易竞争力，但是，产品的价格及国际竞争力是要素禀赋、生产效率等多个因素共同作用的结果，也就是，环境要素价格较低是产品贸易竞争力提高的充分而非必要条件。

三、环境要素价格贸易效应的动态分析

（一）模型构建及指标说明

参考Cole等(2005)构建的模型框架，并考虑外商投资企业是中国贸易重要主体的现实情况，将外商直接投资因素引入Cole等(2005)的模型框架，构建贸易效应模型实证分析环境要素价格、外资参与程度等因素对中国出口贸易的影响。模型设定如下：

$$\ln EX_{it} = \alpha_1 + \alpha_2 TEF + \alpha_3 HC_{it} + \alpha_4 FD_{it} + \alpha_5 EI_{it} + \alpha_6 EI_{it}^2 + \alpha_7 PC_{it} + \alpha_8 PC_{it}^2 + \varepsilon_{it} \qquad (7\text{-}4)$$[①]

其中，EX 表示出口贸易，TEF 表示生产效率，HC 表示人力资本，FD 表示外资参与程度，EI 表示环境要素价格，PC 表示物质资本密度，α_1 表示不可观测的行业差异，ε 表示随机扰动项，i 表示行业，t 表示时间。

由于出口贸易具有一定的持续性，即过去的出口贸易对现在的出口贸易具有一定的影响。为了反映出口贸易的这种特征，在模型(7-4)中加入因变量的滞后一期序列，将模型拓展为动态面板数据模型：

$$\ln EX_{it} = \alpha_1 + \alpha_2 \ln EX_{it-1} + \alpha_3 TEF + \alpha_4 HC_{it} + \alpha_5 FD_{it} + \alpha_6 EI_{it} + \alpha_7 EI_{it}^2 + \alpha_8 PC_{it} + \alpha_9 PC_{it}^2 + \varepsilon_{it} \qquad (7\text{-}5)$$

① Cole等(2005)的实证模型还包括人力资本的二次项。而笔者实际估计后发现人力资本变量二次项的系数均不显著，故此模型剔除人力资本变量的二次项。

出口贸易 $\ln EX_{it}$ 用中国对世界出口总额的对数表示。模型各自变量的衡量指标如下：

1. 生产效率(TEF)

用全要素生产率的增长率来衡量。借鉴李小平、朱钟棣(2005)的方法，将能源消耗引入模型，构建三要素生产模型，用分类工业行业的面板数据估计分行业的全要素生产率。假设三要素的 C-D 生产函数为 $Y_{it}=A_i(t)K_{it}^{a_k}L_{it}^{a_l}E_{it}^{a_e}$，其中，$Y_{it}$、$A_i(t)$、$K_{it}$、$L_{it}$、$E_{it}$ 分别表示 i 行业 t 期的工业产值、技术水平、固定资本、劳动和能源消耗；a_k、a_l、a_e 分别表示固定资本的产出弹性、劳动的产出弹性和能源消耗的产出弹性。取对数可得 $\ln Y_{it}=a_{io}+a_t\ln t+a_k\ln K_{it}+a_l\ln L_{it}+a_e\ln E_{it}$，其中，$A_i(t)=a_{io}t^{a_t}$。由于数据的时间区间为 1995—2015 年，对每个行业的时间序列回归可能由于样本量太少而导致回归误差。因此，此处将 30 个工业行业根据行业性质分为“采矿业”“食品业”“纺织服装业”“非金属制品业”“造纸印刷业”“化工业”“金属冶炼及其制品业”“设备制造业”“电气、电子设备制造业”9 类，构建面板数据估计不同类别的生产函数，估计得到不同类别的 a_k、a_l、a_e，并利用 $a_k'=a_k/(a_k+a_l+a_e)$、$a_l'=a_l/(a_k+a_l+a_e)$ 和 $a_e'=a_e/(a_k+a_l+a_e)$ 对 a_k、a_l 和 a_e 进行标准化，则全要素增长率 $TEF=g_y-a_k'g_k+a_l'g_l+a_e'g_e$。其中 g_y、g_k、g_l 和 g_e 分别表示工业产值、固定资本、劳动和能源消耗的增长率。具体的行业分类、数据说明、估计结果及全要素生产率增长率参考书末附录 3。企业的全要素生产率增长速度越快，生产效率越高，其产品的市场竞争力越强，预计其对出口贸易的影响为正。

2. 人力资本(HC)

人力资本指的是从业人员的知识水平、技能等个人综合能力。现实中人力资本的测算较为困难，通常用可量化的替代指标来表示。此处借鉴朱平芳与李磊(2006)的方法，用科技活动人员占就业人员的比例($HC1$)来衡量各行业的人力资本。同时为了在一定程度上控制异常波动的影响，以 $HC1$ 与工业整体科技活动人员占比之比构建人力资本变化的相对指标($HC2$)，作为行业人力资本的参考变量。企业的人力资本水平越高，其生产效率及创新能力越强，产品的竞争也越强，预计人力资本对出口贸易有正向影响。

3. 外资参与程度(FD)

已有文献中外资参与程度的衡量指标根据分析目的的不同而有所不同，如外商投资企业资产占该行业资产总额的比率(陈涛涛、宋爽，2005)、外商投资企业就业人数所占比率(Aitken and Harrison, 1999)等。外商投资企业既是中国参与国际分工的重要媒介，也是推动中国出口的重要主体，此模型引入外商参与程度，是为了客观控制外商投资企业对中国出口的重要影响，而且考虑到内资企业和外资企业之间存在明显的“能力差距”(陈涛涛，2003)，[①]因此，本主题研究用分行业外商投资企业产值占该行业总产值的比例来衡量外资参与程度。外商直接投资可以弥补东道国的要素短缺，同时通过技术溢出效应等提高东道国的生产效率，增强其产品的出口竞争力，预计外资参与程度 *FD* 对出口贸易具有正向影响。

4. 环境要素价格(*EI*)

由于环境要素的特殊性，其价格目前尚无直接的度量指标。但是环境要素价格与环境政策及环保主管部门的环境政策执行力度密切相关，不仅不同国家的环境要素价格不同，一个国家内部不同行业、不同地区的环境要素的价格也可能存在差异。在现实中，环境要素价格通常用间接的替代变量来衡量：第一，单位产出的“污染治理和防治支出”(Cole 等，2005)，污染治理和防治支出越高，说明环境规制越严厉，环境要素价格越高；第二，单位产出的污染排放量(傅京燕，2008)，单位产出污染排放量越多，意味着环境要素价格越高；第三，人均收入水平(陆旸，2009)，人均收入水平越高，居民对环境质量的要求越高，环境标准越高，环境要素价格也越高。鉴于数据的连续性和可得性，此处采用第二种方法，用不同行业的 CO_2 排放密度来衡量该行业的环境要素价格，CO_2 排放密度越高，说明环境规制越宽松，环境要素价格越低。借鉴 Cole 等(2005)的做法，用排放密度的二次项来考察环境要素价格对出口贸易的长期影响。如果以 CO_2 排放密度表示对出口贸易具有正向的影响，说明较低的环境要素价格有利于促进出口，“污染避难所假说”在中国成立；反之，则说明“污染避难所假说”在中国不成立。

5. 物质资本强度(*PC*)

用人均固定资产年均净值表示物质资本强度。如果一个行业的物质资本强度较高，该行业为资本密集型行业；反之则为劳动密集型行业。如果 *PC* 对出口贸易具有正的效应，说明资本密集型行业具有更强的出口贸易竞争力。

此处以中国 1995—2015 年的工业行业数据作为分析对象，剔除“烟草制造业”“电力的生产和供应业”“煤气的生产和供应业”“水的生产和供应业”四

① 陈涛涛(2003)提出“内外资企业能力差距”的概念，并用“企业规模差距”“资本密集度差距”和“技术差距”来量化衡量内资企业和外资企业之间的“能力差距”。

个国家控制或国有资本占比较高的行业以及数据不连续的“木材及竹材采运业”。将以 HS 编码统计的贸易数据依照盛斌(2002)归纳的海关 HS 编码和中国工业行业的对应表,归并成按行业统计的贸易额。各行业的 CO_2 排放量根据标准煤消耗量和标准煤 CO_2 排放系数计算。数据来自 UN Comtrade 数据库、《中国统计年鉴》《中国工业统计年鉴》《中国科技统计年鉴》。

(二) 模型估计及结果分析

由于动态数据模型通常存在因变量滞后项所引起的内生性问题,为了避免内生性问题导致的估计偏误,此处利用 Arellano and Bond(1991)提出的一阶差分广义矩两步估计法(GMM)来估计模型,采用内生变量或其他变量的滞后项作为工具变量,[①]并利用 Sargen 检验来识别 GMM 估计的工具变量过渡识别约束是否有效。鉴于 GMM 估计可能会存在残差序列相关的问题,此处用 Arellano-Bond AR(1)和 AR(2)检验来识别估计残差是否存在二阶序列相关。模型(7-5)的估计结果如表 7-3 所示。

表 7-3 环境要素价格对出口贸易影响的估计结果(一)

变量	(1)*HC*1	(2)*HC*1	(3)*HC*1	(4)*HC*1	(5)*HC*2	(6)*HC*2	(7)*HC*2	(8)*HC*2
$\ln EX_{t-1}$	0.956 0***	0.952 9***	0.958 8***	0.958 4***	0.955 6***	0.952 0***	0.958 6***	0.958 4***
TEF	0.059 0***	0.066 9***	0.078 3***	0.091 1***	0.058 6***	0.077 6***	0.078 8***	0.093 3***
HC	0.009 8	0.007 3	−0.004 8	0.010 2***	0.000 7***	0.000 6***	0.000 8***	0.000 7***
FD	0.841 0***	0.830 4	0.870 7***	0.866 7***	0.834 0***	0.870 9***	0.875 4***	0.863 2***
PC	0.002 5***	0.003 2	−0.000 3	−0.000 1	0.002 5***	0.003 3***	−0.000 3	−0.000 1
EI	−0.039 2*	−0.036 0	−0.032 5***	−0.031 7***	−0.039 3*	−0.036 4***	−0.032 1***	−0.031 5***
PC^2	−0.000 05***	−0.000 05***	—	—	−0.000 05***	−0.000 05***	—	—
EI^2	0.001 7***	—	0.001 3***	—	0.001 7***	—	0.001 3***	—
S检验	0.895 5	0.866	0.841	0.833	0.896	0.881	0.84	0.833
AR(1)	0.049 6	0.05	0.049 6	0.049	0.049 5	0.049 8	0.049 8	0.049 4
AR(2)	0.61	0.623	0.609	0.614	0.609 9	0.616	0.609 9	0.613
样本数	600	600	600	600	600	600	600	600

• 注:S检验指 Sargen 检验。 *** 、** 、* 分别表示在 1%、5%、10%的置信区间内显著。

模型的 GMM 估计结果显示,Sargen 检验对应概率的最小值超过 0.8,接受检验零假设,即工具变量过渡识别有效,说明模型估计所选择的工具变量

① 工具变量的选取根据检验值来确定。

是有效的。Arellano-Bond AR(1)检验对应的概率均小于 5%，拒绝残差不存在一阶序列相关的零假设，而 AR(2)检验对应的概率均大于 0.6，接受残差不存在二阶序列相关的零假设，这说明模型估计的残差不存在二阶序列相关。估计结果中，因变量滞后一期对出口贸易具有显著影响，说明将因变量的滞后一期作为自变量引入模型是合理的。分别估计人力资本两个变量 $HC1$ 和 $HC2$ 的不同模型形式，模型主要自变量的符号和显著性并没有明显变化，说明模型的估计结果较为稳健。

分析模型估计结果可以发现：

第一，以 CO_2 排放密度表示的环境要素价格 EI 的系数为负，二次项 EI^2 的系数为正。这说明 CO_2 排放密度对出口贸易具有“U”形效应，CO_2 排放密度存在一个拐点值，当 CO_2 排放密度低于这个拐点值时，CO_2 排放密度的提高对出口贸易具有负向效应；当 CO_2 排放密度高于这个拐点值时，CO_2 排放密度的提高对出口贸易具有正向效应。也就是说，当中国的环境标准较宽松、环境要素价格较低时，提高 CO_2 排放密度对出口贸易具有促进作用；当中国的环境标准较严厉、环境要素价格较高，CO_2 排放密度的提高会抑制出口贸易。结合中国的现实情况，其内在的逻辑是，当环境价格水平较低，即 CO_2 排放密度较高时，环境成本对企业成本的影响更大，放宽环境标准可以更大程度地降低企业成本，从而提高产品竞争力，促进出口贸易；当环境价格水平较高，即 CO_2 排放密度较低时，环境成本对企业成本的影响较小，放宽环境标准，对企业成本的影响较小，但会降低市场准入门槛，吸引低效率企业进入，恶化竞争条件，从而对出口贸易产生抑制作用。

第二，外资参与程度的系数为正，外资参与程度的提高，有利于促进出口贸易。外商直接投资企业是中国参与全球化分工的主要媒介和重要载体，外资的进入促进了中国闲置劳动力的流动利用，释放了要素禀赋的比较优势，并通过技术溢出等提升企业生产效率，提高产品的国际竞争力。这可以从外商投资企业在中国对外贸易中的重要性得以反映，中国约一半的对外贸易来自外商投资企业的进出口，2017 年，外商投资企业的贸易额占中国贸易总额的 44.77%，出口额占中国出口总额的 43.18%。①

第三，物质资本强度一次项的系数为正，而二次项系数的符号为负，即物质资本强度对出口贸易具有“倒 U”形效应。这说明物质资本强度对出口贸

① 数据来源：中国国家统计局网站，《2018 年中国统计年鉴》，http://data.stats.gov.cn/publish.htm?sort=1。

易的影响存在一个拐点值，当物质资本强度低于此拐点值时，则其对出口贸易具有促进作用，当物质资本强度高于此拐点值时，其反而对出口贸易产生抑制作用。也就是说，物质资本强度对贸易的影响存在一个规模经济的边界，物质资本强度提高对出口贸易正向作用的边际影响越来越小，当超过拐点值时，其对出口贸易的影响从正向作用转为负向作用。另外，在没有物质资本强度二次项的模型的估计结果中，物质资本强度一次项的系数也均不显著。这说明，加入物质资本强度二次项的模型具有更好的拟合效果。

第四，其他变量的影响。人力资本对出口贸易的影响不显著或较弱。这可能是中国出口贸易主要通过加工贸易的方式实现，而中国的加工贸易处于产业链分工的较低端，劳动密集程度较高，低成本是其产品竞争力的主要来源。聘用高层次的技术人员需要支付较高的劳动成本，其成本提高带来的负向效应大幅度降低了效率提升带来的正向效应。出口贸易的滞后一期对出口贸易具有显著的正向效应，说明出口贸易具有较强的持续性，也就是上一期的出口贸易对本期出口贸易具有促进作用。

（三）稳健性检验

考虑金融危机可能影响中国的出口贸易，在模型中加入金融危机虚拟变量（RC）以考虑模型估计的稳健性。同样用内生变量或其他变量的滞后项作为工具变量，并利用 Sargen 检验来识别 GMM 估计的工具变量过渡识别约束是否有效，用 Arellano-Bond AR(1)和 AR(2)检验来识别估计残差是否存在二阶序列相关。加入虚拟变量（RC）后模型的估计结果如表 7-4 所示。模型估计结果显示，Sargen 检验对应概率的最小值超过 0.8，说明模型估计所选择的工具变量是有效的，Arellano-Bond AR(1)检验和 AR(2)检验显示模型估计的残差不存在二阶序列相关。加入金融危机虚拟变量后，模型变量估计系数具有统计意义的符号没有变化，说明模型估计具有较强的稳健性。

表 7-4　环境要素价格对出口贸易影响的估计结果(二)

自变量	(1)$HC1$	(2)$HC1$	(3)$HC1$	(4)$HC1$	(5)$HC2$	(6)$HC2$	(7)$HC2$	(8)$HC2$
$\ln EX_{t-1}$	0.946 1***	0.950 1***	0.958 1***	0.956 1***	0.949 4***	0.946 2***	0.950 8***	0.950 7***
TEF	0.062 0***	0.074 1***	0.077 5***	0.093 1***	0.060 9***	0.074 3***	0.068 7***	0.082 6***
HC	−0.017 3	0.007 4	−0.003 3	0.010 2***	0.000 8***	0.000 8***	0.001 1***	0.000 9***
FD	0.984 5***	0.857 2***	0.868 2***	0.868 2***	0.904 7***	0.994 5***	0.856 5***	0.937 0***

（续表）

自变量	(1)*HC*1	(2)*HC*1	(3)*HC*1	(4)*HC*1	(5)*HC*2	(6)*HC*2	(7)*HC*2	(8)*HC*2
PC	0.005 0***	0.003 6***	−0.000 3	−0.000 1	0.003 4**	0.004 2***	−0.000 3	−0.000 6
EI	−0.030 1***	−0.038 8***	−0.033 6***	−0.033 6***	−0.034 8***	−0.028 5***	−0.036 3***	−0.029 6***
PC^2	−0.000 06***	−0.000 05***	—	—	−0.000 06***	−0.000 05***	—	—
EI^2	0.001 2***	—	0.001 3***	—	0.001 4***	—	0.001 2***	—
RC	YES	YES	YES	YES	YES	YES	YES	YES
S检验	0.881	0.878	0.867	0.864	0.890	0.880	0.839	0.835
AR(1)	0.05	0.050 4	0.049 4	0.049 1	0.049 7	0.049	0.049 7	0.049 6
AR(2)	0.616	0.617	0.613	0.617	0.613	0.620	0.610	0.612
样本数	600	600	600	600	600	600	600	600

• 注：RC表示金融危机虚拟变量，1995—2008年取值“1”，2009—2015年取值“0”。S检验指Sargen检验。***、**、*分别表示在1%、5%、10%的置信区间内显著。

四、结论性评述

本章从污染产业“避难所”假说的中国检验、不同排放密度行业贸易竞争力的变化趋势、环境要素价格对出口贸易影响的动态分析三个方面分析环境要素价格对中国贸易的影响发现：第一，从产业转移的角度来看，中国并没有成为经济全球化下发达国家转移高排放产业的“避难所”，相对于中、低排放行业，高排放行业的集聚程度并没有显著提高。第二，从不同排放密度行业贸易竞争力的变化趋势来看，中国相对较低的环境标准，并没有在高排放行业的贸易竞争优势上得到反映，相对于中等排放行业和低排放行业，中国在高排放行业上并不具有更强的贸易竞争优势。第三，CO_2 排放密度对出口贸易具有“U”形效应，中国环境要素价格对出口贸易的影响存在一个拐点值，当环境标准较宽松、环境要素价格较低时，CO_2 排放密度的提高对出口贸易具有促进作用；当环境标准较严厉、环境要素价格较高，CO_2 排放密度的提高则会抑制出口贸易。

研究结论为中国确立合理的环境要素定价机制，在控制污染排放的同时实现贸易增长。低估环境要素价格的宽松环境标准、较高的排放密度并不是中国出口贸易及贸易竞争力的主要来源。对排放标准较高的行业实施更高的环境标准，反而可能促使低效率企业退出，提升资源配置效率，从而促进出口贸易。中国已经超过美国成为世界上最大的碳排放国，同时国内环境治理面临巨大压力,确定环境要素定价机制,降低 CO_2 排放,不仅是为了应对不断增强的国际减排压力,也是中国经济、贸易实现可持续增长的内在要求。另外,外商参与也是中国出口贸易的重要推动因素。从不同行业来看,外资参与程度较高的行业,通常也是出口增长较快、贸易竞争力较强的行业。从对外贸易来看,提高外资参与程度,有利于提升贸易竞争力,促进出口贸易。但如果考虑到外资企业对内资企业的挤出效应以及外资企业和内资企业之间较低的关联效应(贺灿飞、潘峰华,2006;蔡之兵、周俭初,2012),则从长远来看,地方政府竞争性地引进外资、提高外资参与程度可能并不是中国发展对外贸易、提升贸易竞争力的最优选择,而需要改善市场环境,通过提升外资的技术溢出效应、产业关联效应等来提高中国的贸易竞争力。

第八章 完善环境要素定价机制、促进贸易转型的对策建议

一国的贸易结构和竞争力是其经济结构和生产效率的反映。中国环境治理体系下的环境要素定价是导致经济发展环境影响加剧及当前高排放出口结构的根本原因。本章从促进环境要素定价的合理化和环境要素理论下影响贸易的直接因素两个层面提出促进贸易转型的对策建议。

一、中国环境治理体系及贸易模式特征

中国环境治理体系的特征在一定程度上导致“环境竞次”“环保一刀切”等问题的产生,也导致高排放出口结构的形式。

(一) 中国环境治理体系的特征

在中国的环境治理框架下,地方政府是地方环境治理的主要责任主体,对所辖区域的环境质量负责。中央政府制定环境治理总体目标,地方政府在总体目标的导引下进行环境治理,以实现环境治理总体目标。也就是说,中央政府确立的环境治理目标,需要通过各级地方政府来实现,地方政府作为中央环境政策及总体治理目标的执行者,其执行的情况直接决定中国环境治理的效率及环境质量的高低。

另外,地方政府承担了环境治理的大部分财政支出。中国环境污染治理投资总额不断提高,占 GDP 的比例在 2010 年达到 1.89%(参考图 8-1)。[①]但是环境治理投资的财政支出部分主要由地方政府承担。在 2007—2013 年期间,中央层面的支出仅占人均环境支出的 2.2%—5.0%,也就是说地方政府财

① 中国环境污染治理投资总额包含城市环境基础设施建设投资、“三同时”环保投资和工业污染源治理投资三大部分。根据国际经验,污染治理投资达到 GDP 的 1%—1.5%时,环境恶化的趋势才能得到明显改善;达到 3%时,环境质量才能得到明显改善(齐晔等,2008)。

政承担了全国环境治理支出的95%—98%(张华,2018)。

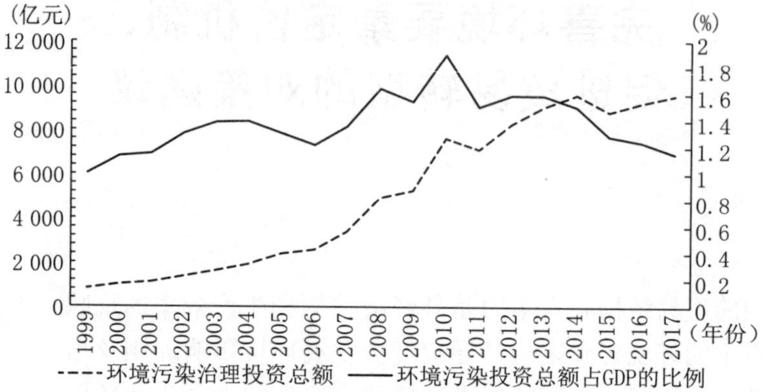

图 8-1 中国环境污染治理投资总额及其占 GDP 比例的变化

• 数据来源:历年《中国统计年鉴》。

(二)“环境竞次”问题

“环境竞次”(Race to the Bottom)问题是指地方政府作为环境治理的执行主体,在财政分权体制下财权与事权偏离的一种状态或结果,即地方政府一方面对所辖区域的环境治理负责,另一方面需要承担环境治理的大部分财政支出,因而在环境治理效果缺乏有效评估的条件下,地方政府倾向于降低环境标准、减少环境治理支出。

在实践中,地方政府的“环境竞次”问题主要表现为两个方面:一是环境标准竞次。在环境成为一种需要支付对价的要素的背景下,降低环境标准会直接导致环境要素价格的低估,从而为企业节省环境成本,提高对投资的吸引力。这种环境标准竞次具体表现为怠于执行环境相关法律法规,虚假环评,对于所辖区域内的企业排放、污染问题采取放任态度。这在地方政府为吸引投资项目尤其是外商直接投资项目中表现得尤为突出。地方政府的环境标准竞次行为也是导致环境政策和环境执行之间存在差异、不同企业实际执行的环境标准不同的根本原因。二是环境支出竞次。地方政府在地方财政收入约束下,有减少环境治理投入的动机,同时环境治理支出有显著的外溢性和外部性(张征宇、朱平芳,2010)。当一个地区增加环境治理支出时,相邻地区会从该地区的治理支出中受益(Deng et al., 2012),这会降低地方政府治理环境的主动性,导致环境治理支出“竞次”的囚徒困境。

地方政府的"环境竞次"行为导致效率损失和福利损失。一方面,地方政府的环境标准竞次行为导致企业无须为排放、污染支付相应的对价,即环境成本外部化,不实施污染控制的企业反而具备更强的价格竞争优势,形成"劣币驱逐良币"的市场效应,阻碍了市场进入门槛和退出机制的有效发挥,降低企业的盈亏临界效率,导致市场上大量低效率、高排放企业的存在。另一方面,地方政府的环境支出竞次行为导致环境治理支出不足,难以修复低效率、高排放企业造成的环境影响,也就是环境治理支出并不能有效遏制环境污染,环境条件持续恶化,造成居民福利损失。

(三) 环保"一刀切"问题

环保"一刀切"执法是指地方政府在环保整治过程中无差别地采取"一律拆迁""一律关停""先停再说"等做法,从而造成集中停工停产后果的执法行为。

综观中国现实,环保"一刀切"执法有其内在逻辑。在地方政府"环境竞次"及环境监管、治理缺位的情况下,环保整治是强化环境治理、遏制污染、改善环境质量的重要手段,"一刀切"执法则是环保整治目标与现实偏离条件下地方政府的短视选择。中国 2003 年开始开展环保专项整治行动,2015 年确立中央环保督查制度,省、市、县多级联动的环保整治、检查全面展开。但是,不论是环保专项整治行动还是中央环保督察,留给地方政府的时间都非常有限。而地方政府由于长期疏于监管,难以在短时间内对辖区内数以千计甚至万计企业的排放物质、污染程度等进行分类识别,并制定合理、清晰的整改计划,为了实现环保整治目标,只能"一刀切"地大规模关停企业。环保整治在很多情况下变成了运动式的"一刀切"执法,停水、断电、强制监察等手段被频频使用,大量企业停产、关闭。

环保整治在实践中出现了部分"一刀切"的执法,虽然可以在短期内实现环保整治的目标,却对经济产生了深刻的负面影响。第一,影响中国的产业布局及贸易竞争力。中国产业在国际分工中处于较低位置。这是中国在工业基础薄弱、产业技术落后的条件下,依托外资、外贸嵌入国际产业链形成的分工布局。"一刀切"的环境执法几乎无差别地大规模关停企业,其中也包括发展潜力较强的企业。这阻断了企业防污减排和效率提升的路径,可能导致产业链节的断层,影响中国产业布局的完整性和系统性,影响中国的贸易竞争力。第二,引起污染的区域转移。环保"一刀切"的无差别执法,在中国当前经济发展区域不平衡、环境监管力度地区差异显著的情况下,必然导致污染向环境监管较宽松的西部内陆地区转移。污染转移会在整体上削弱环境整治的效果,并可能引发更大的生态、环境灾难,导致居民福利损失。

(四) 中国贸易模式的特征

在整体上,中国对外贸易快速发展,贸易结构持续优化,贸易竞争力不断增强,但经济发展对能源进口的依赖程度不断提高。中间品贸易快速增长,中等技术中间品和低技术中间品的贸易竞争力不断提高,高技术中间品的出口所占比例不断提高,但高度依赖高技术中间品进口。

中国 CO_2 的直接排放密度和完全排放密度持续下降,但仍然大幅度高于日本和美国。中国高排放行业产出所占比例较高,且完全排放中隐含的国外排放较低。中国对外贸易扩大了国内的 CO_2 排放规模。从这个角度而言,中国已经形成高排放出口结构。

中国高排放行业呈双向转移态势,且中等排放行业和低排放行业在中国的集聚程度有所提高。而另一方面,相对于中等排放行业和低排放行业,中国在高排放行业上并不具有更显著的贸易竞争优势。因此,从产业转移的角度来看,中国并没有成为高排放产业的"避难所"。

二、促进环境要素定价趋于合理化

环境的公共产品特性和环境影响外部性决定了政府监管在环境要素定价中的关键作用,而中国环境治理体系中地方政府在经济发展和环境治理双重矛盾目标下的环境监管弱化、环保支出不足是导致环境要素价格低估、环境条件持续恶化的根本原因。因此,需要强化垂直化监管,约束地方政府的"环境竞次"行为,建立长效机制,促进环境要素定价趋于合理化。环境要素价格低估是导致中国贸易高排放出口结构的重要因素,促进环境要素合理定价也是促进中国贸易结构转型的重要条件。

(一) 督促地方政府主动作为

地方各级政府是具体负责辖区内环境治理的主管部门,但其面临财政收入以及经济绩效考核的双重压力,倾向于牺牲环境以保障经济发展。地方政府相互矛盾的多重目标使其对环境治理多采取消极应对的态度,疏于环境监管。因此,需要从目标约束和资金保障两个方面促使地方政府主动作为,强化监管。第一,通过目标约束,促使地方政府主动作为,强化监管。一方面,将环境保护纳入地方政府的发展规划,以量化指标的方式明确环境保护的具体目标,并明确法律责任;另一方面,将环境保护列入地方政府的绩效考核范围,切实实行"一票否决制"。第二,在中央层面设立环境治理专项资金,为地方政府治理环境提供资金保障,缓解其财政压力。

(二) 建立垂直监管机制,提高环境监管的独立性

严格监管是环境成本内部化的前提条件。但在当前的行政管理下,地方环保部门是所辖区域的环境监管部门,但其隶属于同级地方政府,而地方政府倾向于优先发展经济,导致地方环保部门难以客观地监控企业排放及污染情况。因此,需要在当前不定期中央督察的基础上,建立中央环境督察与地方环保部门联合监管执法机制,强化垂直化管理。可以参考海关系统的做法,对环保部门实行垂直管理,使地方环保部门摆脱同级地方政府的约束,提高环境监管的独立性;这也有利于强化横向约束,由地方环保部门监督地方政府,避免环境竞次行为。

(三) 强化违法处罚

违法处罚是环境治理中最后的也是最为重要的保障,是促使企业遵守环境规制的重要手段。目前中国违法排放的处罚较轻,有些尚不足以弥补污染导致的直接损失,在一些情况下,排污设备的运营费用甚至高于排污费。即便如此,由于法律规定不清晰,且裁量权由地方环保部门掌握,使得违法排放处罚在许多情况下并未得到严格执行,这进一步弱化了违法处罚的警示效应。因此,应当强化违法处罚,以高昂的违法成本,形成有力的威慑。第一,需要健全问责制度,对疏于环保监管的主管部门及主要责任人问责,敦促主管部门主动作为。第二,依法对企业的违法排放、污染行为进行处罚,敦促企业严格遵守环境规制。第三,解决环境诉讼中受害者举证困难的问题。这可以借鉴日本的做法,以流行病学方法来认定法律因果关系,促使企业对污染受害人支付合理的赔偿。

三、推动对外贸易的结构性转型

传统的贸易统计方法在一定程度上掩盖了中国贸易大而不强的现实。

中国需要从技术结构、排放结构、外资结构等方面推动贸易的结构性转型。

(一)激励高新技术研究创新,促进贸易技术结构升级

中国贸易规模快速扩大,但技术含量相对较低。在价值链全球分工、生产跨国协同的条件下,跨国公司将不同国家按照其要素禀赋纳入不同的分工链节中,技术水平较低的国家也可以通过进口高技术中间品而嵌入高技术产品的生产分工中去。(传统的统计方法在一定程度上掩盖了中国贸易大而不强的现实。)从上述对中国中间品贸易技术构成的分析可以看出,中国高度依赖高技术中间品的进口,高技术中间品的出口主要由高技术中间品的进口推动;虽然中国高新技术产业出口快速增长,但主要由外商直接投资企业实现,核心技术主要由外商直接投资企业掌握。

因此,中国应鼓励高新技术研究创新。技术是贸易竞争力的重要来源,而技术升级是促进贸易结构转型的重要手段,也是避免在国际分工中低端锁定的关键因素。中国需要根据技术发展轨迹及中国经济的现实,制定《国家高新技术、产品目录》,通过财政支持、税收减免等方式,对相关基础科学领域、前沿核心技术的研究创新及其产业化进行激励、支持,培育自主知识产权高新技术产品及产业,通过提高科技发展水平和产业整体创新能力来夯实经济发展所需的核心技术基础,从而优化贸易结构,提升贸易竞争力。

(二)推动环境友好型技术创新,优化贸易的排放结构

在环境要素定价合理的条件下,环境标准提高会推动环境友好型技术的研究创新,以降低环境要素成本,实现利润最大化。但中国目前环境要素市场存在扭曲,环境要素价格低估,难以发挥市场机制对环境友好型技术研究、创新的调节作用。上述研究表明,中国排放密度仍然大幅度高于美国、日本,对外贸易隐含大规模的国内排放,带来国内 CO_2 排放的净增加。

中国需要利用财政、税收等政策工具进一步强化对环保技术、节能型技术与工艺等研究创新及实际应用的激励,以弥补失灵的部分市场机制。环境友好型技术创新一方面可以提高原材料利用率、降低生产及消费过程的能源消耗及排放,从根源上减少生产、消费的环境影响。同时可以提高环境治理效率,在一定程度上消除经济、贸易发展的环境影响,从结果上控制排放的影响。因此,这是中国在当前环境治理框架下,实现贸易发展、改善环境条件最为直接的政策工具。

(三) 督促地方政府严格执行环境标准,提升外商投资企业结构

外商投资企业是中国对外贸易的重要主体和促进因素,其出口占中国出口的半壁江山。在高技术产业,外商投资企业的作用更为突出,在1995—2016年,高技术产业的销售额中,外商投资企业所占的比例最低为44.1%,最高达到74.02%;出口额中,外商投资企业所占比例均超过70%,最高达到93.23%。上述研究结论显示,由于中国的环境政策和政策执行之间存在差异,如果环境标准的提高确实影响了外商投资企业的成本,则对外商直接投资的进入产生抑制作用。在中国当前的环境治理框架下,地方政府在环境政策执行过程中具有较大的自主权,同时在当前财政政策下有促进本辖区经济增长的动机,因此,降低环境标准、低估环境要素价格成为地方政府吸引外商直接投资的一个重要的政策工具。

中国的环境标准与发达国家相比较低,如果地方政府进一步降低环境标准,低估环境要素价格,会导致更多高污染、低效率外商投资企业在中国集聚。因此,需要强化监管,约束地方政府行为。第一,事先评估。对外商投资企业设立申请的环境评估报告进行评议,客观分析其可能造成的环境影响、环保措施对环境污染及排放的去除及控制情况。第二,事中监控。对运行中的外商投资企业尤其是高污染、高排放行业外商投资企业的污染物排放情况,可能受影响的水体、大气及土壤等进行检测,掌握其运行中的污染控制及环境影响情况。第三,定期抽查。在上述由地方政府执行的常规监管之外,从国家层面建立环保抽查机制,对于违规排放的企业,除了对企业进行惩处之外,也对相关的政府主管部门追究监管连带责任,以此促使地方主管部门强化监管,避免高污染、低效率企业集聚,加剧环境问题。

(四) 促进要素价格市场化,提升贸易收益

中国要素价格存在较高程度的扭曲,要素价格扭曲促进出口,但导致效益损失。在市场完全的条件下,要素相对价格反映了要素的相对丰富程度,而要素价格扭曲可以在一定程度上改变要素的相对丰富程度,并影响贸易模式。上述实证分析发现,三种要素整体的价格扭曲对出口具有促进作用。劳动、资本和环境要素的价格扭曲对外商投资企业的出口均具有正向作用。这说明外商投资企业作为中国对外贸易的重要主体,其出口竞争力部分来自中国的要素价格扭曲。要素价格扭曲导致投资过剩而消费不足,产业大而不

强,部分归属中国要素的收益应当转移给跨国公司或国外消费者。

中国应推动要素市场改革,提高要素价格市场化水平。第一,降低金融抑制,促进资本配置市场化。降低政府对金融市场资金配置的干预,打破资金向国有企业、国家战略倾斜的资金配置路径约束,解决民营企业在融资上面临的种种困境,使市场主体享有同等的资金配置机会,可以同等的成本获得所需的资金。第二,提高劳动力市场化水平,促进劳动力自由流动。中国户籍与社会保障的地区割断是劳动力城乡流动、跨省市流动最为主要的障碍,也是城乡、区域工资差别的重要原因。中国需要进一步推进户籍制度、社会保障制度等改革,消除劳动力城乡流动、跨区流动的壁垒,减少政府对企业尤其是国有企业用人的干预,提高劳动力的配置效率。第三,提高能源利用效率。中国相对较低的能源消费成本导致现实中能源相对于其他要素的过度消费倾向。中国需要根据不同能源的排放情况及环境影响,重新对不同的能源进行合理定价,促进排放成本内部化,提高能源利用效率,改善环境条件。

四、建立环境治理绩效评估体系,测度环境治理对贸易的影响

环境治理绩效评估指对环境治理的投入、产出及经济影响进行评估,包括环境治理投入及效率、环境质量评估和环境治理的经济影响三个方面。环境治理绩效评估不仅可以客观评估环境治理的效率及成果,量化测度环境标准提高和环境质量改善等对经济的影响,也可以成为环境政策调整的客观依据。但目前,中国不仅没有环境投入、环境治理等相对独立的统计指标,也没有相关的综合性评估体系。

因此,中国需要建立国家层面的环境治理绩效评估体系,在对环境治理投入、产出进行评估的基础上,测度其对贸易结构和贸易模式的影响。

第一,客观评估环境治理的投入、效率和成效。完善环境指标统计,根据评估指标体系的设计,建立更加系统的环境相关指标统计系统,客观评估环境治理的投入和产出。目前,有关环境的统计指标较少,条目过于宽泛,且统计口径经常发生变化,难以进行客观评估。

第二,对环境治理的贸易影响进行客观测度。这包括两个方面即环境成本提高对贸易的影响和环境质量提高对贸易的影响。环境对贸易的影响不是简单的单向、线性关系,两者之间可能存在双向的,也可能是存在拐点的

"U"形关系。这都需要相应的统计数据进行量化的实证分析。且环境对贸易的影响在微观上体现为环境成本对企业贸易竞争力的影响,但目前尚无企业层面环境治理投入、污染排放、排污缴费等数据,难以客观地量化反映环境治理的贸易影响。

第三,根据评估结果,适时调整环境政策,在改善环境条件的同时,实现贸易转型发展。

五、结论性评述

本章在厘清中国环境治理框架的基础上,分析环境监管中存在的"环境竞次问题""环保'一刀切'问题"以及中国贸易模式特征,提出建立长效机制、环境要素定价合理化,以促进贸易转型升级的路径选择。

在中国环境治理框架下,中央政府确立环境治理目标,由地方政府根据目标进行治理,以实现环境治理总体目标。但地方政府在当前财政分权体制下需要承担环境治理的大部分财政支出。因此,地方政府倾向于降低环境标准、优先发展经济,同时减少环境治理支出。这一定程度地导致了中国经济的高排放结构特征,且环境问题日趋严重。

在此基础上,本章提出中国需要强化垂直化监管,约束地方政府行为,建立长效机制,促进环境要素定价趋于合理化。同时,从促进贸易技术结构升级、优化贸易的排放密度结构、提升外商投资企业结构、促进要素价格市场化、建立环境治理绩效评估体系和客观测度环境治理的贸易影响等方面提出中国贸易转型的路径选择。

主要参考文献

[1] 蔡之兵、周俭初:《FDI的挤出效应和溢出效应:来自长三角制造业的证据》,《发展研究》2012年第6期。

[2] 曹光辉、汪锋、张宗益等:《我国经济增长与环境污染关系研究》,《中国人口·资源与环境》2006年第1期。

[3] 陈刚:《FDI竞争、环境规制与污染避难所——对中国式分权的反思》,《世界经济研究》2009年第1期。

[4] 陈华文、刘康兵:《经济增长与环境质量:关于环境库兹涅茨曲线的经验分析》,《复旦学报(社会科学版)》2004年第2期。

[5] 陈涛涛、宋爽:《影响外商直接投资行业内溢出效应的政策要素研究》,《金融研究》2005年第6期。

[6] 陈涛涛:《影响中国外商直接投资溢出效应的行业特征》,《中国社会科学》2003年第4期。

[7] 戴臻:《中英中间品贸易要素构成分析》,《国际贸易问题》2010年第1期。

[8] 邓利华:《影响FDI在华区位选择的因素及实证分析——基于东西部FDI差异的比较》,《学术交流》2010年第2期。

[9] 傅京燕、李丽莎:《FDI、环境规制与污染避难所效应——基于中国省级数据的经验分析》,《公共管理学报》2010年第7期。

[10] 傅京燕:《环境规制、要素禀赋与我国贸易模式的实证分析》,《中国人口、资源与环境》2008年第6期。

[11] 耿伟:《要素价格扭曲是否提升了中国企业出口多元化水平》,《世界经济研究》2013年第9期。

[12] 郭红燕、韩立岩:《外商直接投资、环境管制和环境污染》,《国际贸易问题》2008年第8期。

[13] 何兴强、王利霞:《中国FDI区位分布的空间效应研究》,《经济研究》2008年第11期。

[14] 贺灿飞、潘峰华:《溢出效应还是挤出效应——对北京市制造业外商直接投资的实证分析》,《中国软科学》2006年第7期。

[15] 黄金树:《股份制国有企业经理人的诱因选择与民营化:混合寡占模型的应用》,《世界经济文汇》,2005。

[16] 蒋省三、刘守英、李青:《土地制度改革与国民经济成长》,《管理世界》2007 年第 9 期。

[17] 劳伦·勃兰特、托马斯·罗斯基编,方颖、赵扬等译:《伟大的中国转型》,格致出版社 2009 年版。

[18] 李平、姜丽:《贸易自由化、中间品进口与中国技术创新——1998—2012 年省级面板数据的实证研究》,《国际贸易问题》2015 年第 7 期。

[19] 李小平、卢现祥:《国际贸易、污染产业转移和中国工业行业的 CO_2 排放》,《经济研究》2010 年第 1 期。

[20] 李小平、朱钟棣:《中国工业行业的全要素生产率测算——基于分行业面板数据的研究》,《管理世界》2005 年第 4 期。

[21] 林毅夫、蔡昉、李周:《中国的奇迹:发展战略与经济改革》,上海三联书店 1994 年版。

[22] 林毅夫、张鹏飞:《适宜技术、技术选择和发展中国家的经济增长》,《经济学(季刊)》2006 年第 3 期。

[23] 刘戒骄:《生产分割与制造业国际分工——以苹果、波音和因特尔为案例的分析》,《中国工业经济》2011 年第 4 期。

[24] 刘瑞明:《金融压抑、所有制歧视与增长拖累——国有企业效率损失再考察》,《经济学》2011 年第 2 期。

[25] 刘世锦:《中国正在进入新的重化工业阶段及其对宏观经济的影响》,《调查研究报告》2003 年第 11 期。

[26] 卢峰、姚洋:《金融压抑下的法治、金融发展和经济增长》,《中国社会科学》2004 年第 1 期。

[27] 陆旸:《环境规则影响了污染密集型商品的贸易比较优势吗?》,《经济研究》2009 年第 4 期。

[28] 罗宏翔、赵果庆:《FDI 产业空间自相关与空间集聚——再论为什么 FDI 不集聚西部》,《经济管理》2012 年第 9 期。

[29] 毛其淋、许家云:《中间品贸易自由化、制度环境与生产率演化》,《世界经济》2015 年第 9 期。

[30] 彭水军、包群:《中国经济增长与环境污染——基于广义脉冲响应

函数法的实证研究》,《中国工业经济》2006 年第 5 期。

[31] 齐晔等:《中国环境监管体制研究》,上海三联书店 2008 年版。

[32] 沙文兵、石涛:《外商直接投资的环境效应——基于中国省级面板数据的实证分析》,《世界经济研究》2006 年第 6 期。

[33] 盛斌:《中国对外贸易政策的政治经济分析》,上海人民出版社 2002 年版。

[34] 施炳展、冼国明:《要素价格扭曲与中国工业企业出口行为》,《中国工业经济》2012 年第 2 期。

[35] 史晋川、赵自芳:《所有制约束与要素价格扭曲——基于中国工业行业数据的实证分析》,《统计研究》2007 年第 6 期。

[36] 史青:《外商直接投资、环境规制与环境污染——基于政府廉洁度的视角》,《财贸经济》2013 年第 1 期。

[37] 唐杰英:《产业转移、国际贸易和 CO_2 排放——来自中国工业的实证分析》,《国际贸易问题》2012 年第 9 期。

[38] 唐杰英:《要素价格扭曲对出口的影响——来自中国制造业的实证分析》,《世界经济研究》2015 年第 6 期。

[39] 唐杰英:《基于环境规制效应的中日碳排放比较》,《日本研究》2017 年第 2 期。

[40] 唐杰英:《环境规制是否影响了外商对华直接投资——基于城市面板数据的实证分析》,《国际经贸探索》2017 年第 4 期。

[41] 唐杰英:《中国中间品贸易技术构成的测度及国际比较》,《科技创业月刊》2018 年第 7 期。

[42] 唐杰英:《环境规制、两控区政策与 FDI 的区位选择——基于中国企业数据的实证研究》,《国际贸易问题》2019 年第 5 期。

[43] 田素华、杨烨超:《FDI 进入中国区位变动的决定因素:基于 D-G 模型的经验研究》,《世界经济》2012 年第 11 期。

[44] 田巍、余淼杰:《企业出口强度与进口中间品贸易自由化:来自中国企业的实证研究》,《管理世界》2013 年第 1 期。

[45] 田巍、余淼杰:《中间品贸易自由化和企业研发:基于中国数据的经验分析》,《世界经济》2014 年第 6 期。

[46] 魏浩:《中国进口商品技术结构的测算及其国际比较》,《统计研究》2014 年第 12 期。

[47] 沃尔特·恩德斯:《应用计量经济学——时间序列分析》(中译本),高等教育出版社 2006 年版。

[48] 小岛清著,周宝廉译:《对外贸易论》,南开大学出版社 1987 年版。

[49] 谢申祥、王孝松:《战略性研发补贴政策稳健吗?——基于中间品贸易的视角》,《经济学(季刊)》2013 年第 1 期。

[50] 徐娟、常金华、黎娇龙:《经济增长的环境成本及国民健康:一个国际比较的视角》,《南方经济》2016 年第 7 期。

[51] 许罗丹、谭卫红:《外商直接投资聚集效应在我国的实证分析》,《管理世界》2003 年第 7 期。

[52] 杨洪刚:《我国地方政府环境治理的政策工具研究》,上海社会科学院出版社 2016 年版。

[53] 于峰、齐建国:《我国外商直接投资环境效应的经验研究》,《国际贸易问题》2007 年第 8 期。

[54] 余珮、孙永平:《集聚效应对跨国公司在华区位选择的影响》,《经济研究》2011 年第 1 期。

[55] 曾贤刚:《环境规制、外商直接投资与污染避难所假说——基于中国 30 个省份面板数据的实证研究》,《经济理论与经济管理》2010 年第 11 期。

[56] 张伯伟、田朔:《汇率波动对出口贸易的非线性影响——基于国别面板数据的研究》,《国际贸易问题》2014 年第 6 期。

[57] 张华:《环境支出、地区竞争与环境污染——对环境竞次的一种解释》,《山西财经大学学报》2018 年第 12 期。

[58] 张杰、周晓艳、郑文平:《要素市场扭曲是否激发了中国企业出口》,《世界经济》2011 年第 8 期。

[59] 张曙光、程炼:《中国经济转轨过程中的要素价格扭曲与财富转移》,《世界经济》2010 年第 10 期。

[60] 张先锋、申厝瑶、王俊凯:《环境规制、企业异质性与企业退出》,《北京理工大学学报(社会科学版)》2017 年第 4 期。

[61] 张晓:《中国环境政策的总体评价》,《中国社会科学》1999 年第 3 期。

[62] 张友国:《中国贸易含碳量及其影响因素——基于进口非竞争型投入产出表的分析》,《经济学》2010 年第 4 期。

[63] 张友国:《中国贸易增长的能源环境代价》,《数量经济技术经济研究》2009 年第 1 期。

[64] 张幼文:《生产要素的价格扭曲和外贸效益》,《国际商务研究》1993 年第 2 期。

[65] 张幼文:《政策引致性扭曲的评估与消除——中国开放型经济体制改革的深化》,《学术月刊》2008 年第 1 期。

[66] 张征宇、朱平芳:《地方环境支出的实证研究》,《经济研究》2010 年第 5 期。

[67] 赵春明、李宏兵:《工序分工、生产率异质性与中美中间品贸易失衡》,《北京师范大学学报(社会科学版)》2013 年第 6 期。

[68] 赵奇伟、熊性美:《中国三大市场分割程度的比较分析:时间走势与区域差异》,《世界经济》2009 年第 6 期。

[69] 赵伟、张萃:《FDI 与中国制造业区域集聚:基于 20 个行业的实证分析》,《经济研究》2007 年第 11 期。

[70] 中国国务院新闻办,《中国的环境保护(1996—2005)》,2006 年,http://www.gov.cn/zwgk/2006-06/05/content_300288.htm。

[71] 周肖肖、丰超、胡莹、魏晓平:《环境规制与化石能源消耗——技术进步和结构变迁视角》,《中国人口 · 资源与环境》2015 年第 12 期。

[72] 周亚敏、黄苏萍:《经济增长与环境污染的关系研究——以北京市为例基于区域面板数据的实证分析》,《国际贸易问题》2010 年第 1 期。

[73] 朱东波、任力:《环境规制、外商直接投资与中国工业绿色转型》,《国际贸易问题》2017 年第 11 期。

[74] 朱平芳、李磊:《两种技术引进方式的直接效应研究——上海市大中型工业企业的微观实证》,《经济研究》2006 年第 3 期。

[75] 朱平芳、张征宇、姜国麟:《FDI 与环境规制:基于地方分权视角的实证研究》,《经济研究》2011 年第 6 期。

[76] 踪家峰、杨琦:《要素扭曲影响中国的出口技术复杂度了吗?》,《吉林大学社会科学学报》2013 年第 2 期。

[77] Ahmed K., Long W.. "Environmental Kuznets Curve and Pakistan: An Empirical Analysis", *Procedia Economics and Finance*, 2012, 1:4—13.

[78] Aitken B., Harrison A. E.. "Do Domestic Firms Benefit from Direct Foreign Investment? Evidence from Venezuela", *American Economic Review*,

1999, 89(3):605—618.

[79] Akbostanci, E., Turut-Asik, S., Tunc, G. I.. "The Relationship between Income and Environment in Turkey: Is There an Environmental Kuznets Curve?", *Energy Policy*, 2009, 37(3):861—867.

[80] Allen, Franklin and Qian, Jun and Qian, Meijun. "Law, Finance, and Economic Growth in Chin", *Journal of Financial Economics*, 2005, 77(1):57—116.

[81] Amiti M. and Konings J.. "Trade Liberalization, Intermediate Inputs, and Productivity: Evidence from Indonesia", *The American Economic Review*, 2007, 97(5):1611—1638.

[82] Anastacio J. A. R.. "Economic Growth, CO_2 Emissions and Electric Consumption: Is There an Environmental Kuznets Curve? An Empirical Study for North America Countries", *International Journal of Energy Economics & Policy*, 2017.

[83] Ando M. and Kimura F.. "The Formation of International Production and Distribution Networks in East Asia", NBER Working Papers No.10167, 2003.

[84] Andreoni, J. and A. Levinson, "The Simple Analytics of the Environmental Kuznets Curve", *Journal of Public Economics*, 2001, 80:269—286.

[85] Antweiler W., et al.. "Is Free Trade Good for the Environment", NBER working paper No.6707, 1998.

[86] Arellano M, Bond S.. "Some Tests of Specification for Panel Data: Monte Carlo Evidence and an Application to Employment Equations", *Review of economics Studies*, 1991, 58:277—297.

[87] Athukorala P-C.. "Product Fragmentation and Trade Patterns in East Asia", *Asian Economic Papers*, 2005, 4(3):1—27.

[88] Athukorala P-C.. "Production Networks and Trade Patterns in East Asia: Regionalization or Globalization?". ADB Working Paper Series on Regional Economic Integration, 2010.

[89] Bader Y., Ganguli S.. "Analysis of Economic Growth, Environmental Degradation and Health in GCC during 1980—2012", 2017, file:///

D:/Download/EnvironmentgrowthandhealthinGCC_researchgate.pdf.

[90] Balassa B.. "Trade Liberalization and Revealed Comparative Advantage", *The Manchester School*, 1965, 33:99—123.

[91] Ben-David, S.. "Kleimeier, M. Viehs, Exporting Pollution", NBER Working Paper, No.25063, 2018.

[92] Bhagwati J. N.. "Distortions and Immiserating Growth: A Generalization", *Review of Economic Studies*, 1968(35):481—485.

[93] Bi Gong-Bing, Wen Song and P., Zhou Liang Liang. "Does Environmental Regulation Affect Energy Efficiency in China's Thermal Power Generation? Empirical Evidence from a Slacks-based DEA Model", *Energy Policy*, 2014, 66:537—546.

[94] Bialek, Sylwia and WeichenriederAlfons J.. "Do Stringent Environmental Policies Deter FDI? M&A Versus Greenfield", CESIFO(Center for Economic Studies &Ifo Institute) Working Paper No.5262, 2015.

[95] Birdsall, N., Wheeler, D.. "Trade Policy and Industrial Pollution in Latin America: Where Are the Pollution Havens?", *The Journal of Environment and Development*, 1993(2):137—149.

[96] Brajer, V., Mead, R.W., Xiao, F.. "Health Benefits of Tunneling through the Chinese Environmental Kuznets Curve", *Ecological Economics*, 2007, 66(4):674—686.

[97] Chaeholiades. "International Trade Theory and Policy", Auckland, Singapore, Mcgraw-Hill, 1978.

[98] Chichilnisky C.. "North-South Trade and the Global Environment", *American Economic Review*, 1994, 84:851—874.

[99] Choi, E., Heshmati, A. and Cho, Y.. "An Empirical Study of the Relationships between CO_2 Emissions, Economic Growth and Openness", IZA Discussion Paper, No.5304, 2010.

[100] Chung, S.. "Environmental Regulation and Foreign Direct Investment: Evidence from South Korea", *Journal of Development Economics*, 2014(108):222—236.

[101] Cole, A., Robert J. and Shimamoto K.. "Why the Grass Is Not Always Greener: The Competing Effects of Environmental Regulations and

Factor Intensities on US Specialization", *Ecological Economics*, 2005, 54: 95—109.

[102] Cole, M.. "Trade, the Pollution Haven Hypothesis and the Environmental Kuznets Curve: Examining the Linkages", *Ecological Economics*, 2004(48):71—81.

[103] Copeland B., Taylor S.. "North-South Trade and the Environment", *Quarterly Journal of Economics*, 1994, 109:755—787.

[104] De Bruyn, S. M., J. C. J. M. van den Bergh and J. B. Opschoor. "Economic Growth and Emissions: Reconsidering the Empirical Basis of environmental Kuznets Curves", *Ecological Economics*, 1998:175—198.

[105] Dean, J.. "Trade and the environment: A survey of the literature". In P. Low(Ed.), International Trade and the Environment, World Bank Discussion Paper No.159, 1992.

[106] Dean, J., Mary, E. and Wang, H.. "Are Foreign Investors Attracted to Weak Environmental Regulations? Evaluating the Evidence from China?", *Journal of Development Economics*, 2009(90):1—13.

[107] Dedrick J., Kraemer K. L. and Linden G.. "Who Profits from Innovation in Global Value Chains?: A Study of the iPod and Notebook PCs", *Industrial and Corporate Change*, 2010, 19(1):81—116.

[108] Defina, R.. "Unions Relative Wage and Economic Efficiency", *Journal of Labor Economics*, 1983(4):408—429.

[109] Deng H, Zheng X, Huang N and Li F.. "Strategic Interaction in Spending on Environmental Protection: Spatial Evidence from Chinese Cities", *China & World Economy*, 2012, 20(5):103—120.

[110] Derek, Kellenberg. "An Empirical Investigation of the Pollution Haven Effect with Strategic Environment and Trade Policy", *Journal of International Economics*, 2009, 78(2):242—255.

[111] Dickens, M., Lang K.. "The Reemergence of Segment of Labor Market Theory", *American Economic Review*, 1988, 78(2):129—134.

[112] Dijkstra, B. R., Mathew, A. J. and Mukherjee, A.. "Environmental Regulation: An Incentive for Foreign Direct Investment", *Review of International Economics*, 2011(19):568—578.

[113] Dinda, S.. "A Theoretical Basis of the Environmental Kuznets Curve", *Ecological Economics*, 2005,53:403—413.

[114] Dinda, S.. "Environmental Kuznets Curve Hypothesis: A Survey: Weaker Economies or Developing Nations Could Depend on Technological Transfer through FDI Which Helps in Reducing Pollution Levels", *Ecological Economics*, 2004, 49(4):431—455.

[115] Ederington Josh & Levinson Arik & Minier Jenny. "Trade Liberalization and Pollution Havens", *Advances in Economic Analysis & Policy*, 2004 vol.3(2):1—24.

[116] Ederington, J. and Minier, J.. "Is Environmental Policy a Secondary Trade Barrier? An Empirical Analysis", *Canadian Journal of Economics*, 2003, 36:137—154.

[117] Egli, H., T.M. Steger. "A Dynamic Model of the Environmental Kuznets Curve-Turning Point and Public Policy", *Environmental and Resource Economics*, 2007, 36:15—34.

[118] Elliott, Robert J. R., Ying Zhou. "Environmental Regulation Induced Foreign Direct Investment", *Environmental and Resource Economics*, 2012, 55(1):568—578.

[119] Engle, R., and Granger, C.. "Cointegration and Error Correction: Representation, Estimation, and Testing", *Econometrica*, 1987(55): 257—276.

[120] Eskeland, G.S., Harrison, A. E.. "Moving to Greener Pastures? Multinationals and the Pollution Haven Hypothesis", *Journal of Development Economics*, 2003, (70):1—23.

[121] Ethier Wilfred J.. "National and International Returns to Scale in the Modern Theory of International Trade", *American Economic Review*, 1982, 72(3):389—405.

[122] Ferrarini B.. "Mapping Vertical Trade", ADB Economics Working Paper Series, No.263, 2011.

[123] Fisher, T. C. G., Waschik, R. G.. "Union Bargaining Power, Relative Wages, and Efficiency in Canadian", *Canadian Journal of Economics*, 2000, 33(3):742—765.

[124] Fodha, M., Zaghdoud, Z., Belkacem, L.. "Economic Growth and Environmental Degradation in Tunisia: An Empirical Analysis of the Environmental Kuznets Curve", *Energy Policy*, 2010, 38(2):1150—1156.

[125] Garnaut Ross, Ligang Song, Yang Yao and Xiaolu Wang. "The Emerging Private Enterprise in China, Canberra", The National University of Australia Press, 2000.

[126] Gereffi G. and Frederick S.. "The Global Apparel Value Chain, Trade and the Crisis: Challenges and Opportunities for Developing Countries", In O. Cattaneo, G. Gereffi, and C. Staritz, eds., Global Value Chains in a Postcrisis World: A Development Perspective, Washington, DC: The World Bank Press, 2010.

[127] Giles, D.E., Mosk, C.. "Ruminant Eructation and a Long-run Environmental Kuznets Curve for Enteric Methane in New Zealand: Conventional and Fuzzy Regression", *Econometrics Working Paper*, 2003, 62(6): 1065—1071.

[128] Grossman G. M. and Helpman E.. "Outsourcing in a Global Economy", *Review of Economic Studies*, 2005, 72:135—159.

[129] Grossman, G., M., and Krueger, A.B.. "Environmental Impacts of a North American Free Trade Agreement". CEPR Discussion Papers, 1992, 8(2):223—250.

[130] Halkos, G.E. and Tzeremes, N.G.. "Exploring the Existence of Kuznets Curve in Countries Environmental Efficiency Using DEA Window Analysis", *Ecological Economics*, 2009, 68:2168—2176.

[131] Hanson G.H., Mataloni R.J. and Slaughter M.J.. "Vertical Production Networks in Multinational Firms", *The Review of Economics and Statistics*, 2005, 87(4):664—678.

[132] Harris M.N., László Kónya, László Mátyás. "Modelling the Impact of Environmental Regulations on Bilateral Trade Flows: OECD 1990—1996", *World Economy*, 2003, 25(3):387—405.

[133] He, J., Wang, H.. "Economic Structure, Development Policy and Environmental Quality: An Empirical Analysis of Environmental Kuznets Curves with Chinese Municipal Data", *Ecological Economics*, 2012

(76):49—59.

[134] Hsieh Chang-Tai, Peter Klenow. "Misallocation and Manufacturing TFP in China and India", *Quarterly Journal of Economics*, 2009, 124(4): 1403—1448.

[135] Hummels D., Ishii J. and Kei-Mu Yi.. "The Nature and Growth of Vertical Specialization in World Trade", *Journal of International Economics*, 2001, 54:75—96.

[136] IEA. "CO_2 Emissions from Fuel Combustion (Highlights)", 2011, http://www.iea.org.

[137] Jaffe, A., Peterson, S., Portney, P. & Stavins, R. "Environmental Regulations and the Competitiveness of U.S. Manufacturing: What does the Evidence Tell Us?", *Journal of Economic Literature*, 1995(33): 132—163.

[138] Jalila A., Syed F. Mahmudb. "Environment Kuznets Curve for CO_2 Emissions: A Cointegration Analysis for China", *Energy Policy*, 2009, 37(12):5167—5172.

[139] Janicke, M., Binder, M. and Monch, H. "Dirty Industries: Patterns of Change in Industrial Countries", *Environmental and Resource Economics*, 1997(9):467—491.

[140] Javorcik, B.S., Wei, S.J.. "Pollution Havens and Foreign Direct Investment: Dirty Secret or Popular Myth?", *Contributions to Economic Analysis and Policy*, 2004, 3(2): Article 8.

[141] Jing Xu, Min Zhou, Hailong Li. "ARDL-based Research on the Nexus among FDI, Environmental Regulation, and Energy Consumption in Shanghai (China)", *Natural Hazards*, 2016, 84(1):1—14.

[142] Jones R.W. and Kierzkowski H. "The Role of Services in Production and International Trade: A Theoretical Framework", *R.W. Jones and A. Krugger*. The Political Economy of International Trade, Oxford: Blackwell, 1990:31—48.

[143] Keller, W., Levinson. "A. Pollution Abatement Costs and Foreign Direct Investment Inflows to the U.S. States", *Review of Economics and Statistics*, 2002(84):691—703.

[144] Kim, Y., Tanaka, K., Ge, C.. "Estimating the Provincial Environmental Kuznets Curve in China: a Geographically Weighted Regression Approach", *Stochastic Environmental Research and Risk Assessment*, 2018, 32(7):2147—2163.

[145] Kimura F.. "International Production and Distribution Networks in East Asia: Eighteen Facts, Mechanics, and Policy Implications", *Asian Economic Policy Review*, 2006, 1(2):326—44.

[146] Kornai, J.. "The Hungarian Reform Process: Visions, Hopes, and Reality", *Journal of Economic Literature*, 1986, 24:1687—1737.

[147] Koopman R., Powers W., Wang Z. and Wei S. J.. "Give Credit Where Credit Is Due: Tracing Value Added in Global Production Chains", NBER Working Paper No.16426, 2010.

[148] Koopman R., Powers W., Wang Z. and Wei S. J.. "Tracing Value-added and Double Counting in Gross Exports", NEBR Working Paper, No.18579, 2012.

[149] Koopman R., Wang Z. and Wei. S. J.. "How Much of Chinese Exports is Really Made in China? Assessing Domestic Value-added when Processing Trade is Pervasive", NBER Working Papers, No.14109, 2008.

[150] Lall S.. "The Technological Structure and Performance of Developing Country Manufactured Exports 1985—1998", QEH Working Paper Series-QEHWPS44, 2000.

[151] Levinson A.. "Environmental Regulations and Manufacturers' Location Choices: Evidence from the Census of Manufactures", *Journal of Public Economic*, 1996a(62):5—29.

[152] Levinson, A.. "Environmental Regulations and Industry Location: International and Domestic Evidence", In J. Bhagwati and Hudec R. (Eds.), Fair Trade and Harmonization: Prerequisite for Free Trade? MA: MIT Press, 1996b:429—457.

[153] Levinson, A. and Taylor M.S.. "Unmasking the Pollution Haven Effect, Mimeo", *International Economic Review*, 2008 vol. 49(1):223—254.

[154] Levinson, A., Taylor, M.S.. *Trade and the Environment: Un-*

masking the Pollution Haven Hypothesis. Mimeo, University of Georgetown, 2002.

[155] Li, W.H., J.Q. Liu and D.S. Ding, H.l. He.. "Environmental Regulations and the Location Choice of FDI in Pollution Intensive Industries: Evidence from China", International Forum on Energy, Environment Science and Materials, 2015.

[156] Liddle, B.. "Free Trade and the Environment-development System", *Ecological Economics*, 2001, 39(1):21—36.

[157] Lin Liguo and Sun Wei.. "Location Choice of FDI Firms and Environmental Regulation Reforms in China", *Journal of Regulatory Economics*, 2017, 50(2):207—232.

[158] Lindmark M.. "An EKC-pattern in Historical Perspective: Carbon Dioxide Emissions, Technology, Fuel Prices and Growth in Sweden 1870—1997", *Ecological Economics*, 2002, 42(1):333—347.

[159] List, J.A., and C.Y. Co.. "The Effects of Environmental Regulations on Foreign Direct Investment", *Journal of Environmental Economics and Management*, 2000(40):1—20.

[160] List, J.A., McHone, W.W. and Millimet, D.L.. "Effects of Environmental Regulation on Foreign and Domestic Plant Births: Is there a Home Field Advantage?", *Journal of Urban Economics*, 2004(56):303—326.

[161] Long, N. and Siebert, H.. "Institutional Competition versus Exante Harmonization", *Journal of Institutional and Theoretical Economics*, 1991(147):296—311.

[162] Loof H. and Andersson M.. "Imports, Productivity and Origin Markets: The Role of Knowledge-Intensive Economies", *World Economy*, 2010, 33(3):458—481.

[163] López L A., Arce G., Kronenberg T. and Rodrigues João F.D.. "Trade from Resource-rich Countries Avoids the Existence of a Global Pollution Haven Hypothesis", *Journal of Cleaner Production*, 2018, 175: 599—611.

[164] Lopez, R.. "The Environment as a Factor of Production: The

Effects of Economic Growth and Trade Liberalization", *Journal of Environmental Economics and Management*, 1994, 27:163—184.

[165] Lu Y., M. Wu and L. Yu.. "Is There a Pollution Haven Effect? Evidence from a Natural Experiment in China", MPRA Paper No. 38787, 2012, https://mpra.ub.uni-muenchen.de/38787/.

[166] Lucas, R., Wheeler, D. and Hettige, H.. "Economic Development, Environmental Regulation and the International Migration of Toxic Industrial Pollution: 1960—88", World Bank Discussion Paper, No. 159, 1992.

[167] Manderson E., Kneller R.. "Environmental Regulations, Outward FDI and Heterogeneous Firms: Are Countries Used as Pollution Havens?", *Environmental & Resource Economics*, 2012, 51(3):317—352.

[168] Markusen J.. "Trade in Producer Services and in Other Specialized Intermediate Inputs", *American Economic Review*, 1989, 79(1):85—95.

[169] Mcfadden, D. L.. "Conditional Logit Analysis of Qualitative Choice Behavior", in Zarembka, P. (Ed.), *Frontiers in Econometrics*, New York: Academic Press, 1974:105—142.

[170] Melitz M.J.. "The Impact of Trade on Intra—Industry Reallocations and Aggregate Industry Productivity", *Econometrica*, 2003, 71(6): 1695—1725.

[171] Michael G., Harvey.. "Application of Technology Life Cycles to Technology Transfers", *Journal of Business Strategy*, 1984, 5(2):51—58.

[172] Murakami N., Liu D. and Otsuka K.. "Technical and Allocative Efficiency among Socialist Enterprises: The Case of the Garment Industry in China", *Journal of Comparative Economics*, 1994, 19(3):0—433.

[173] Naughton H.. "To Shut Down or to Shift: Multinationals and Environmental Regulation", *Ecological Economics*, 2014(102):113—117.

[174] Obstfeld, M. & Rogoff, K.. "Exchange Rate Dynamics Redux", *Journal of Political Economy*, 1995 vol.103(3):624—660.

[175] OECD. "Globalization and Competitiveness: Relevant Indicators", Paris, OECD Directorate for Science, Technology and Industry,

1994, DSTI/EAS/IND/WP9(94)19.

[176] Pan, J., Phillips, J., and Chen, Y.. "China's Balance of Emissions Embodied in Trade: Approaches to Measurement and Allocating International Responsibility", *Oxford Review of Economic Policy*, 2008(24): 354—376.

[177] Panayotou, T., Peterson, A. and J. Sachs.. "Is the Environmental Kuznets Curve Driven by Structural Change? What Extended Time Series May Imply for Developing Countries", CAER Discussion Paper, No. 80, 2000.

[178] Panayoutou, T.. "Empirical Tests and Policy Analysis of Environmental Degradation at Different Stages of Economic Development", ILO Technology and Employ Programmed Working Paper, WP238, 1993.

[179] Pavitt K.. "Sectoral Patterns of Technical Change: towards a Taxonomy and a Theory", *Research Policy*, 1984(13):343—73.

[180] Pedroni, P.. "Fully Modified OLS for Heterogeneous Cointegrated Panels", *Advances in Econometrics*, 2000(15):93—130.

[181] Pedroni, P.. "Panel Cointegration: Asymptotic and Finite Sample Properties of Pooled Time Series Tests, with an Application to the PPP Hypothesis: New Results", Working Paper, Indiana University, 1997.

[182] Phillips, P.C.B., and Hansen B.. "Statistical Inference in Instrumental Variables Regression with I(1) Processes", *Review of Economic Studies*, 1990(57):99—125.

[183] Porter M.E. and Van der Linde C.. "Toward a New Conception of the Environment-competitiveness Relationship", *Journal of Economic Perspective*, 1995(9):97—118.

[184] Robison, H.. "Industrial Pollution Abatement: The Impact on Balance of Trade", *Canadian Journal of Economics*, 1988, 21(1):187—199.

[185] Saboori, B., J. Sulaiman S. Mohd. "Economic Growth and CO_2 Emissions in Malaysia: A Cointegration Analysis of the Environmental Kuznets Curve", *Energy Policy*, 2012(51):184—191.

[186] Sabuj Kumar Mandal.. "Do Undesirable Output and Environmen-

tal Regulation Matter in Energy Efficiency Analysis? Evidence from Indian Cement Industry", *Energy Policy*, 2010, 38(10):6076—6083.

[187] Sanna-Randaccio, F. and Sestini, R.. "The Impact of Unilateral Climate Policy with Endogenous Plant Location and Market Size Asymmetry", *Review of International Economics*, 2012, 20(3):439—656.

[188] Selden, T.M., Song, D.. "Environmental quality and development: Is there a Kuznets Curve for Air Pollution?", *Journal of Environmental Economics and Environmental Management*, 1994, 27:147—162.

[189] Smarzynska B, Wei S.. "Pollution Haven and Foreign Direct Investment: Dirty Secret or Popular Myth", World Bank Working Paper, 2001.

[190] Smarzynska J. Beata and Shang-Jin Wei. "Pollution Havens and Foreign Direct Investment: Dirty Secret or Popular Myth?", *Contributions to Economic Analysis & Policy*, 2004(3): Article 8.

[191] Smulders, S., Bretschger, L. and H, Egli. "Economic Growth and the Diffusion of Clean Technologies: Explaining Environmental Kuznets Curves", *Environmental and Resource Economics*, 2011, 49:79—99.

[192] Soytas, U. and Sari, R.. "Can China Contribute More to the Fight Against Global Warming?", *Journal of Policy Modeling*, 2006, 8: 837—846.

[193] Stern D. I.. "Progress on the Environmental Kuznets Curve?", *Environment & Development Economics*, 1998.

[194] Stern, D. I., A. Auld, M. S. Common and K. K. Sanyal.. "Is There an Environmental Kuznets Curve for Sulfur?", Working Papers in Ecological Economics, 1998, No.9804.

[195] Taylor, M.. "Unbundling the Pollution Haven Hypothesis", *The B.E. Journal of Economic Analysis & Policy*, 2005, 3(2):1—28.

[196] The World Bank. "World Development Report 1992", March 1992, http://www.worldbank.org/en/publication/wdr/wdr-archive.

[197] Tobin J.. "Inflation and Unemployment", *American Economic Review*, 1972(62):1—18.

[198] Tomi Seppälä, Haukioja T. and Kaivo-Oja J.. "The EKC Hy-

pothesis Does Not Hold for Direct Material Flows: Environmental Kuznets Curve Hypothesis Tests for Direct Material Flows in Five Industrial Countries", *Population & Environment*, 2001.

[199] Ugelow J.A.. "Survey of Recent Studies on Costs of Pollution Control and the Effects on Trade", Environment and Trade, New Jersey: Allanheld, Osmun and Co, 1982.

[200] United Nations. "Handbook of Input-Output Table Compilation and Analysis", Handbook of National Accounting. Series F, No.74, 1999.

[201] Van Beers and Van den Bergh. "Who Found that Stricter Regulations Have Some Negative Impact on Bilateral Trade Flows between OECD Countries", 1997.

[202] Van Beers, C. and J.C.J.M van den Bergh, J.C.J.M.. "An Empirical Multi-Country Analysis of the Impact of Environmental Regulations on Foreign Trade Flows", Kyklos, 1997, 50:29—46.

[203] Van Elkan, R.. "Catching up and Slowing down: Learning and Growth Patterns in an Open Economy", *Journal of International Economics*, 1996(41):95—111.

[204] Wagner, Ulrich J. and Christopher D. Timmins. "Agglomeration Effects in Foreign Direct Investment and the Pollution Haven Hypothesis", *Environmental and Resource Economics*, 2009, 43:231—256.

[205] Walter Ingo, Ugelow Judith L.. "Environmental Policies in Developing Countries", *Ambio*, 1979, 8(2/3):102—109.

[206] Wang H, Zhang Y, Zhao H, et al.. "Trade-driven Relocation of Air Pollution and Health Impacts in China", *Nature Communications*, 2017, 8(1):738.

[207] Wang, X.. "An Empirical Study of the Environmental Kuznets Curve for Environment Quality and Economic Growth-Evidence from China's Panel Data", *International Journal of Computational Engineering Research*, 2016, 06(04), http://www.ijceronline.com/papers/Vol6_issue4/F064038042.pdf.

[208] Wheeler D.. "Racing to the Bottom. Foreign Investment and Air Pollution in Developing Countries", Policy Research Working Paper, 2001,

10(3):225—245.

[209] Bank W.. "World Development Report 1992; Development and the Environment", Oxford University Pr, 1992.

[210] Xing Y., Kolstad, C.D.. "Do Lax Environmental Regulations Attract Foreign Investment", *Environmental and Resource Economics*, 2002, 21(1):1—22.

[211] Yahua Deng, Guobin Yang. "Pollution and Protest in China: Environmental Mobilization in Context", *The China Quarterly*, 2013(214): 321—336.

[212] Zhang, Jing and X. Fu.. "FDI and Environmental Regulations in China", *Journal of the Asia Pacific Economy*, 2008, 13(3):332—353.

[213] Zheng D., Shi M.. "Multiple Environmental Policies and Pollution Haven Hypothesis: Evidence from China's Polluting Industries", *Journal of Cleaner Production*, 2017, 141:295—304.

附　录

1. 中国分行业要素的边际收益与要素价格的扭曲程度

附表 1-1　行业编码对照表

编码	行　业	编码	行　业
I01	食品加工业	I14	化学纤维制造业
I02	食品制造业	I15	橡胶制品业
I03	饮料制造业	I16	塑料制品业
I04	纺织业	I17	非金属矿物制品业
I05	纺织服装、鞋、帽制造业	I18	黑色金属冶炼及压延加工业
I06	皮革、毛皮、羽毛及其制品业	I19	有色金属冶炼及压延加工业
I07	木材加工及木、竹、藤、棕、草制品业	I20	金属制品业
I08	家具制造业	I21	通用设备制造业
I09	造纸及纸制品业	I22	专用设备制造业
I10	印刷业和记录媒介的复制	I23	交通运输设备制造业
I11	文教体育用品制造业	I24	通信设备、计算机及其他电子设备制造业
I12	化学原料及化学制品制造业	I25	仪器仪表及文化、办公用机械制造业
I13	医药制造业	I26	其他制造业

附表 1-2 全部企业要素的边际收益

行业	劳动			固定			环境			整体		
	1998	2003	2009	1998	2003	2009	1998	2003	2009	1998	2003	2009
I01	16.304	40.056	82.659	0.324	0.587	0.756	0.105	0.275	0.631	0.697	1.462	1.642
I02	15.134	29.883	79.756	0.298	0.425	0.749	0.094	0.203	0.515	0.639	1.155	1.619
I03	21.954	36.671	105.433	0.311	0.335	0.720	0.180	0.219	0.650	0.669	0.893	1.552
I04	9.303	18.608	50.784	0.278	0.402	0.697	0.118	0.156	0.322	0.600	0.980	1.518
I05	9.714	12.569	30.368	0.534	0.699	1.056	0.379	0.574	1.234	1.129	1.649	2.271
I06	10.076	12.251	28.734	0.542	0.786	1.107	0.339	0.595	1.230	1.141	1.902	2.367
I07	12.712	22.416	70.136	0.296	0.472	1.006	0.117	0.198	0.541	0.629	1.161	2.165
I08	12.433	16.527	38.588	0.392	0.545	0.760	0.225	0.622	1.279	0.825	1.166	1.629
I09	11.294	24.154	71.958	0.201	0.219	0.407	0.046	0.063	0.165	0.431	0.622	0.879
I10	11.958	24.201	61.867	0.273	0.315	0.626	0.277	0.278	0.866	0.582	0.875	1.345
I11	9.803	12.202	26.488	0.511	0.644	0.869	0.262	0.448	0.939	1.070	1.618	1.852
I12	15.168	39.950	101.827	0.203	0.320	0.433	0.026	0.040	0.098	0.441	0.777	0.942
I13	22.131	44.426	127.017	0.411	0.420	0.905	0.166	0.298	0.931	0.881	1.316	1.955
I14	28.635	47.688	122.502	0.190	0.243	0.513	0.052	0.085	0.212	0.407	0.740	1.096
I15	12.428	25.722	59.860	0.282	0.390	0.552	0.087	0.146	0.267	0.603	1.013	1.188
I16	16.797	24.871	55.873	0.344	0.402	0.757	0.177	0.243	0.482	0.737	1.116	1.638
I17	10.027	20.151	70.601	0.200	0.269	0.519	0.024	0.029	0.085	0.433	0.775	1.131
I18	17.564	53.062	142.583	0.156	0.274	0.360	0.019	0.031	0.051	0.338	0.726	0.781
I19	17.843	39.752	115.629	0.213	0.297	0.413	0.036	0.049	0.114	0.458	0.839	0.893
I20	14.099	25.879	61.638	0.379	0.603	0.778	0.145	0.176	0.408	0.813	1.489	1.688
I21	9.941	26.775	74.929	0.281	0.542	0.787	0.154	0.341	0.777	0.606	1.284	1.714
I22	9.147	25.081	75.865	0.279	0.479	0.800	0.174	0.303	0.836	0.599	1.037	1.736
I23	15.061	42.208	116.586	0.269	0.469	0.748	0.220	0.440	1.217	0.583	1.296	1.630
I24	21.942	86.634	141.335	0.482	1.107	1.556	0.631	1.699	2.716	1.040	2.773	3.395
I25	11.611	27.184	63.215	0.347	0.679	0.976	0.348	0.837	1.510	0.737	1.550	2.098
I26	12.797	15.857	46.299	0.526	0.588	0.941	0.113	0.104	0.294	1.117	2.001	2.022

• 注：各变量的单位为，劳动：千元/人，资本：元/元，能源：亿元/万吨标准煤。

附表 1-3 国有企业(国有Ⅰ)要素的边际收益

行业	劳动			固定			环境			整体		
	1998	2003	2009	1998	2003	2009	1998	2003	2009	1998	2003	2009
I01	1.125	2.286	5.890	0.122	0.175	0.329	0.313	0.745	1.605	0.396	0.711	1.053
I02	0.830	2.068	7.484	0.122	0.190	0.384	0.273	0.543	1.335	0.387	0.746	1.222
I03	1.963	2.653	11.131	0.182	0.157	0.441	0.543	0.624	1.790	0.588	0.644	1.419
I04	0.631	0.997	2.854	0.109	0.115	0.219	0.340	0.408	0.789	0.350	0.493	0.698
I05	0.440	0.760	1.727	0.150	0.193	0.339	0.974	1.352	2.856	0.457	0.560	1.043
I06	0.510	0.484	1.629	0.106	0.114	0.114	0.904	1.318	2.759	0.329	0.472	0.352
I07	0.624	0.522	2.774	0.070	0.067	0.279	0.345	0.539	1.323	0.224	0.374	0.867
I08	0.390	0.761	1.050	0.087	0.081	0.265	0.617	1.470	2.498	0.265	0.337	0.766
I09	0.852	1.383	8.326	0.081	0.050	0.123	0.134	0.174	0.449	0.261	0.326	0.399
I10	0.923	2.187	6.324	0.127	0.138	0.251	0.831	0.819	2.472	0.406	0.658	0.809
I11	0.374	0.297	0.795	0.107	0.082	0.196	0.680	1.022	1.992	0.323	0.460	0.578
I12	1.240	2.981	9.996	0.078	0.098	0.141	0.079	0.115	0.280	0.258	0.359	0.468
I13	1.594	3.066	6.236	0.164	0.149	0.255	0.498	0.830	2.515	0.528	0.897	0.823
I14	1.330	1.657	4.503	0.061	0.045	0.363	0.158	0.248	0.572	0.197	0.240	1.136
I15	0.751	0.901	2.283	0.119	0.122	0.280	0.248	0.375	0.653	0.375	0.477	0.861
I16	0.771	0.920	4.334	0.086	0.066	0.215	0.493	0.610	1.120	0.273	0.305	0.674
I17	0.872	1.067	5.427	0.089	0.074	0.200	0.070	0.080	0.225	0.290	0.441	0.649
I18	2.646	6.782	18.782	0.083	0.135	0.150	0.060	0.091	0.156	0.278	0.523	0.506
I19	1.842	2.226	12.381	0.095	0.074	0.172	0.113	0.143	0.334	0.312	0.597	0.570
I20	0.769	1.680	7.607	0.120	0.136	0.292	0.405	0.468	1.060	0.381	0.567	0.939
I21	0.685	1.443	5.436	0.104	0.145	0.291	0.447	0.933	2.059	0.335	0.598	0.943
I22	0.583	1.317	7.587	0.100	0.145	0.349	0.508	0.844	2.270	0.321	0.424	1.132
I23	1.210	2.461	9.510	0.130	0.174	0.316	0.655	1.253	3.427	0.425	0.818	1.044
I24	1.104	3.756	25.782	0.165	0.301	0.454	1.794	4.323	7.138	0.529	0.859	1.489
I25	0.646	2.542	7.004	0.127	0.251	0.452	1.030	2.401	11.289	0.401	0.600	1.458
I26	0.585	1.545	4.257	0.105	0.088	0.228	0.319	0.282	0.787	0.331	0.609	0.727

• 注：各变量的单位为，劳动：千元/人，资本：元/元，能源：亿元/万吨标准煤。

附表 1-4 国有企业(国有Ⅱ)要素的边际收益

行业	劳动			资本			环境			整体		
	1998	2003	2009	1998	2003	2009	1998	2003	2009	1998	2003	2009
I01	1.028	2.165	5.586	0.131	0.188	0.354	0.091	0.173	0.426	0.208	0.376	0.556
I02	0.750	1.943	7.165	0.130	0.204	0.413	0.112	0.159	0.325	0.204	0.395	0.650
I03	1.783	2.472	10.520	0.194	0.169	0.473	0.198	0.199	0.489	0.308	0.337	0.749
I04	0.572	0.932	2.710	0.117	0.124	0.236	0.100	0.098	0.192	0.184	0.260	0.370
I05	0.418	0.756	1.694	0.161	0.208	0.366	0.231	0.227	0.595	0.243	0.299	0.557
I06	0.506	0.515	1.834	0.115	0.124	0.125	0.132	0.160	0.175	0.176	0.257	0.192
I07	0.596	0.500	2.677	0.076	0.072	0.301	0.073	0.132	0.363	0.119	0.199	0.463
I08	0.378	0.832	1.087	0.094	0.088	0.286	0.164	0.154	0.844	0.142	0.182	0.417
I09	0.781	1.326	8.226	0.087	0.054	0.133	0.041	0.036	0.059	0.138	0.173	0.213
I10	0.860	2.085	6.186	0.137	0.148	0.270	0.228	0.177	0.415	0.213	0.348	0.427
I11	0.369	0.310	0.824	0.115	0.089	0.212	0.135	0.168	0.455	0.174	0.251	0.314
I12	1.125	2.759	9.401	0.084	0.105	0.152	0.022	0.028	0.054	0.136	0.189	0.246
I13	1.471	2.925	5.967	0.176	0.160	0.275	0.139	0.191	0.620	0.278	0.473	0.432
I14	1.215	1.583	3.942	0.065	0.048	0.385	0.063	0.065	0.534	0.103	0.128	0.596
I15	0.688	0.844	2.090	0.128	0.131	0.299	0.087	0.136	0.347	0.199	0.254	0.458
I16	0.730	0.913	4.403	0.092	0.071	0.233	0.120	0.106	0.165	0.144	0.162	0.364
I17	0.787	0.982	5.057	0.096	0.080	0.214	0.022	0.022	0.057	0.153	0.234	0.345
I18	2.436	6.291	17.574	0.089	0.144	0.161	0.012	0.020	0.028	0.147	0.276	0.266
I19	1.707	2.092	11.686	0.102	0.080	0.185	0.025	0.032	0.068	0.165	0.317	0.300
I20	0.708	1.631	7.471	0.129	0.147	0.315	0.123	0.074	0.147	0.201	0.304	0.502
I21	0.626	1.352	5.150	0.111	0.156	0.313	0.127	0.227	0.465	0.175	0.314	0.495
I22	0.536	1.230	7.263	0.107	0.156	0.376	0.137	0.218	0.442	0.168	0.222	0.596
I23	1.089	2.245	8.872	0.139	0.186	0.339	0.244	0.450	0.899	0.220	0.424	0.541
I24	1.019	3.591	26.277	0.177	0.324	0.493	0.533	1.081	0.522	0.275	0.448	0.790
I25	0.596	2.470	6.893	0.136	0.271	0.489	0.339	0.405	1.811	0.210	0.317	0.764
I26	0.554	1.583	4.229	0.113	0.096	0.247	0.062	0.020	0.094	0.177	0.337	0.392

• 注:各变量的单位为,劳动:千元/人,资本:元/元,能源:亿元/万吨标准煤。

附表 1-5　外商投资企业(外资Ⅰ)要素的边际收益

行业	劳动			资本			环境			整体		
	1998	2003	2009	1998	2003	2009	1998	2003	2009	1998	2003	2009
I01	40.748	59.567	112.341	0.352	0.634	0.771	0.051	0.138	0.314	0.712	1.384	1.566
I02	32.902	50.430	113.533	0.289	0.499	0.755	0.047	0.103	0.263	0.583	1.272	1.531
I03	48.549	67.532	162.946	0.265	0.321	0.674	0.089	0.111	0.333	0.534	0.827	1.364
I04	20.652	26.332	54.828	0.293	0.428	0.641	0.056	0.078	0.161	0.593	0.990	1.305
I05	12.108	15.213	32.904	0.597	0.858	1.092	0.191	0.288	0.620	1.177	1.766	2.186
I06	11.987	13.084	28.075	0.665	0.794	1.132	0.172	0.302	0.623	1.300	1.766	2.250
I07	21.973	31.957	71.930	0.241	0.432	0.747	0.058	0.098	0.260	0.482	0.976	1.502
I08	19.027	21.735	36.467	0.407	0.608	0.661	0.113	0.320	0.643	0.805	1.156	1.323
I09	26.826	41.758	107.580	0.157	0.175	0.298	0.022	0.033	0.085	0.317	0.515	0.606
I10	23.146	39.585	73.051	0.313	0.398	0.656	0.135	0.140	0.434	0.625	0.860	1.320
I11	12.618	14.124	26.927	0.567	0.683	0.837	0.135	0.230	0.483	1.114	1.544	1.668
I12	53.755	109.176	222.139	0.299	0.442	0.451	0.012	0.020	0.050	0.607	1.086	0.922
I13	55.343	75.911	203.508	0.540	0.543	1.087	0.080	0.148	0.469	1.084	1.605	2.202
I14	71.266	90.154	210.896	0.243	0.227	0.432	0.027	0.044	0.110	0.491	0.713	0.870
I15	23.983	31.941	70.965	0.275	0.330	0.446	0.043	0.076	0.139	0.552	0.859	0.905
I16	27.618	30.812	57.664	0.328	0.385	0.652	0.090	0.126	0.247	0.661	1.016	1.324
I17	24.073	37.938	87.067	0.149	0.262	0.386	0.012	0.015	0.042	0.302	0.631	0.789
I18	32.501	99.999	214.451	0.178	0.304	0.385	0.009	0.015	0.025	0.358	0.799	0.784
I19	32.771	72.583	161.958	0.195	0.328	0.406	0.017	0.024	0.057	0.392	0.841	0.824
I20	29.608	40.062	64.399	0.318	0.625	0.620	0.072	0.089	0.206	0.642	1.284	1.259
I21	29.392	60.342	99.472	0.287	0.629	0.684	0.072	0.168	0.385	0.578	1.380	1.391
I22	27.249	45.914	93.651	0.410	0.613	0.751	0.078	0.148	0.417	0.819	1.435	1.523
I23	54.230	113.216	237.575	0.324	0.601	0.921	0.105	0.221	0.623	0.656	1.783	1.880
I24	33.960	116.232	176.367	0.407	1.206	1.694	0.308	0.897	1.431	0.820	2.830	3.467
I25	33.178	42.862	73.165	0.501	0.946	1.107	0.170	0.429	0.772	1.000	2.074	2.229
I26	23.325	18.271	45.198	0.674	0.778	0.932	0.057	0.053	0.150	1.348	1.876	1.876

• 注：各变量的单位为，劳动：千元/人，资本：元/元，能源：亿元/万吨标准煤。

附表 1-6 外商投资企业(外资Ⅱ)要素的边际收益

行业	劳动			资本			环境			整体		
	1998	2003	2009	1998	2003	2009	1998	2003	2009	1998	2003	2009
I01	35.043	51.063	96.336	0.288	0.518	0.629	0.018	0.075	0.175	0.581	1.129	1.277
I02	28.271	43.273	97.381	0.236	0.408	0.616	0.019	0.055	0.140	0.476	1.037	1.249
I03	41.775	58.011	139.878	0.217	0.262	0.551	0.030	0.047	0.156	0.437	0.675	1.114
I04	17.758	22.574	46.983	0.240	0.349	0.523	0.021	0.044	0.102	0.484	0.807	1.063
I05	10.379	13.028	28.197	0.488	0.701	0.892	0.128	0.219	0.448	0.960	1.440	1.784
I06	10.268	11.211	24.039	0.542	0.649	0.925	0.129	0.217	0.508	1.060	1.441	1.835
I07	18.905	27.426	61.713	0.197	0.353	0.610	0.020	0.047	0.137	0.394	0.797	1.225
I08	16.331	18.630	31.253	0.332	0.497	0.540	0.058	0.202	0.442	0.658	0.943	1.080
I09	23.090	35.865	92.434	0.128	0.143	0.244	0.006	0.012	0.033	0.259	0.420	0.495
I10	19.895	33.935	62.590	0.256	0.325	0.536	0.062	0.080	0.283	0.511	0.702	1.076
I11	10.821	12.104	23.072	0.463	0.557	0.683	0.085	0.158	0.350	0.909	1.260	1.361
I12	46.186	93.650	190.719	0.244	0.361	0.368	0.004	0.008	0.020	0.495	0.884	0.751
I13	47.545	65.042	174.477	0.441	0.443	0.888	0.033	0.083	0.263	0.885	1.308	1.796
I14	61.110	77.380	181.111	0.199	0.186	0.353	0.012	0.017	0.044	0.400	0.581	0.709
I15	20.596	27.388	60.888	0.224	0.270	0.365	0.018	0.038	0.070	0.450	0.700	0.738
I16	23.720	26.418	49.428	0.268	0.314	0.532	0.041	0.072	0.153	0.540	0.829	1.079
I17	20.735	32.568	74.720	0.122	0.214	0.315	0.003	0.006	0.019	0.247	0.514	0.643
I18	27.884	85.639	183.688	0.145	0.248	0.314	0.004	0.006	0.013	0.292	0.649	0.637
I19	28.183	62.232	138.804	0.159	0.268	0.331	0.006	0.011	0.029	0.320	0.685	0.670
I20	25.475	34.369	55.228	0.260	0.511	0.506	0.025	0.045	0.116	0.525	1.047	1.027
I21	25.319	51.832	85.396	0.235	0.514	0.559	0.021	0.072	0.188	0.473	1.128	1.136
I22	23.429	39.378	80.323	0.335	0.501	0.613	0.030	0.078	0.235	0.670	1.171	1.243
I23	46.663	97.175	203.871	0.265	0.491	0.753	0.034	0.098	0.312	0.536	1.455	1.535
I24	29.189	99.647	151.149	0.333	0.985	1.384	0.130	0.553	0.964	0.671	2.309	2.828
I25	42.653	36.740	62.661	0.467	0.773	0.904	0.754	0.290	0.546	0.942	1.692	1.818
I26	20.012	15.623	38.680	0.551	0.635	0.760	0.029	0.045	0.113	1.100	1.527	1.527

• 注:各变量的单位为,劳动:千元/人,资本:元/元,能源:亿元/万吨标准煤。

附表 1-7 全部企业要素价格扭曲的变化趋势

行业	劳动			资本			环境			整体		
	1998	2003	2009	1998	2003	2009	1998	2003	2009	1998	2003	2009
I01	2.770	4.060	3.688	1.238	4.363	6.087	0.742	1.559	2.392	1.294	3.114	3.949
I02	2.217	2.330	3.129	1.147	4.008	7.409	0.681	1.380	2.248	1.170	2.454	3.837
I03	3.031	2.775	3.840	1.829	3.290	6.483	1.583	1.758	2.983	2.032	2.653	4.410
I04	1.669	1.843	2.440	1.520	5.108	9.161	0.651	0.641	0.937	1.209	1.657	2.417
I05	1.262	1.086	1.275	2.125	6.421	10.552	1.635	2.189	3.136	1.646	2.108	2.689
I06	1.312	1.112	1.216	2.149	8.028	12.377	1.526	2.085	2.788	1.656	2.184	2.588
I07	2.306	2.436	3.378	0.870	3.806	8.298	0.949	1.186	1.619	1.123	2.317	3.546
I08	1.579	1.426	1.477	0.973	4.164	8.860	1.177	1.942	2.811	1.163	2.220	2.849
I09	1.837	2.083	2.995	0.953	2.654	5.757	0.363	0.451	0.868	0.809	1.265	2.332
I10	1.607	1.638	2.180	1.445	4.834	8.152	1.054	0.658	1.710	1.386	1.642	3.038
I11	1.194	1.059	1.068	2.154	7.576	10.080	0.767	1.169	1.856	1.312	1.805	2.129
I12	2.091	2.672	3.156	0.766	2.468	4.207	0.141	0.215	0.360	0.443	0.776	1.253
I13	2.359	2.788	4.229	1.832	5.894	12.242	1.152	1.503	3.350	1.749	2.988	5.617
I14	3.274	3.368	4.665	1.187	2.576	7.955	0.200	0.402	0.673	0.666	1.286	2.344
I15	1.770	2.145	2.439	1.068	3.597	5.866	0.459	0.562	0.702	0.936	1.540	1.971
I16	2.272	1.975	2.157	1.498	4.821	9.437	0.639	0.690	1.031	1.286	1.765	2.460
I17	1.642	1.851	3.130	0.787	2.467	4.739	0.215	0.264	0.475	0.564	0.856	1.544
I18	1.906	2.569	3.633	0.475	2.209	3.815	0.213	0.349	0.357	0.471	1.070	1.260
I19	2.189	2.622	3.360	0.449	2.189	3.366	0.159	0.172	0.296	0.404	0.651	1.073
I20	1.898	1.987	2.255	1.158	4.152	6.071	0.673	0.472	0.831	1.134	1.382	2.099
I21	1.446	1.851	2.594	0.793	3.807	6.086	0.885	1.324	2.396	0.958	2.177	3.431
I22	1.408	1.682	2.429	0.898	4.396	7.286	0.985	1.369	2.617	1.043	2.197	3.573
I23	1.703	2.390	3.265	0.870	3.813	7.028	1.054	1.718	3.351	1.087	2.620	4.353
I24	2.648	4.627	3.561	1.347	13.982	22.180	1.969	4.341	5.144	1.749	6.528	6.443
I25	1.100	1.713	1.799	1.372	6.613	10.571	1.328	2.215	3.013	1.260	2.798	3.364
I26	1.715	1.367	1.963	3.486	3.225	7.159	0.519	0.435	0.727	1.370	1.154	1.921

附表 1-8 国有企业(国有Ⅰ)要素价格扭曲的变化趋势

行业	劳动			资本			环境			整体		
	1998	2003	2009	1998	2003	2009	1998	2003	2009	1998	2003	2009
I01	0.218	0.268	0.323	0.829	0.897	0.932	2.213	4.216	4.216	1.164	2.357	2.204
I02	0.168	0.226	0.334	0.872	1.524	1.904	1.983	3.694	3.694	1.077	2.133	2.519
I03	0.329	0.263	0.430	1.188	1.067	1.741	4.771	5.008	5.008	1.914	2.645	3.143
I04	0.129	0.119	0.167	0.807	0.705	0.512	1.867	1.679	1.679	0.948	1.277	1.375
I05	0.086	0.077	0.081	1.176	1.309	4.080	4.199	5.156	5.156	1.190	1.106	1.658
I06	0.097	0.049	0.084	0.614	0.430	0.251	4.066	4.620	4.620	0.958	1.149	0.565
I07	0.141	0.059	0.162	0.921	0.509	1.577	2.788	3.229	3.229	1.176	1.569	1.682
I08	0.072	0.064	0.056	0.774	0.952	1.179	3.227	4.592	4.592	0.911	1.337	1.318
I09	0.161	0.115	0.306	0.608	0.449	0.585	1.065	1.240	1.240	0.722	1.217	1.062
I10	0.125	0.133	0.191	1.244	2.102	3.966	3.160	1.938	1.938	1.299	1.731	2.382
I11	0.062	0.045	0.038	0.627	0.804	0.290	1.988	2.664	2.664	0.719	1.263	0.478
I12	0.192	0.187	0.282	0.495	0.747	0.763	0.426	0.620	0.620	0.420	0.766	0.839
I13	0.215	0.207	0.227	1.055	1.362	1.382	3.451	4.189	4.189	1.482	2.557	2.129
I14	0.187	0.091	0.091	0.338	0.331	1.205	0.613	1.173	1.173	0.455	0.602	0.938
I15	0.130	0.081	0.088	0.749	0.562	2.169	1.313	1.441	1.441	0.817	0.841	1.044
I16	0.143	0.091	0.121	0.910	0.504	0.752	1.780	1.733	1.733	1.019	1.181	0.993
I17	0.159	0.104	0.252	0.643	0.565	0.535	0.625	0.720	0.720	0.555	0.977	0.790
I18	0.254	0.235	0.331	0.380	0.807	1.021	0.665	1.039	1.039	0.511	1.115	0.963
I19	0.214	0.135	0.316	0.811	0.447	0.857	0.497	0.500	0.500	0.527	0.703	0.801
I20	0.118	0.122	0.240	0.871	1.444	1.797	1.885	1.251	1.251	0.958	1.311	1.545
I21	0.114	0.102	0.183	0.794	1.223	1.341	2.574	3.626	3.626	0.999	1.602	1.802
I22	0.100	0.096	0.226	0.805	1.047	2.181	2.881	3.811	3.811	0.987	1.218	2.415
I23	0.146	0.138	0.226	1.148	1.933	1.716	3.138	4.894	4.894	1.315	2.374	2.319
I24	0.156	0.288	0.789	0.951	1.632	1.368	5.599	11.042	11.042	1.453	2.577	5.273
I25	0.089	0.164	0.193	1.315	2.323	5.296	3.933	6.352	6.352	1.203	1.994	3.562
I26	0.097	0.091	0.128	0.770	0.394	0.502	1.464	1.174	1.174	0.791	0.700	1.157

附表 1-9 国有企业(国有Ⅱ)要素价格扭曲的变化趋势

行业	工资			资本			能源			整体		
	1998	2003	2009	1998	2003	2009	1998	2003	2009	1998	2003	2009
I01	0.199	0.254	0.306	0.888	0.965	1.002	0.645	0.982	1.614	0.646	1.246	1.190
I02	0.152	0.213	0.319	0.932	1.637	2.049	0.817	1.083	1.419	0.662	1.205	1.341
I03	0.299	0.245	0.406	1.271	1.145	1.870	1.735	1.600	2.243	1.097	1.496	1.708
I04	0.117	0.112	0.159	0.864	0.758	0.550	0.550	0.404	0.558	0.526	0.688	0.729
I05	0.082	0.076	0.079	1.267	1.416	4.406	0.996	0.868	1.511	0.630	0.587	0.865
I06	0.097	0.052	0.095	0.664	0.468	0.275	0.593	0.560	0.397	0.465	0.530	0.264
I07	0.135	0.057	0.157	0.992	0.548	1.698	0.590	0.790	1.084	0.599	0.775	0.929
I08	0.069	0.070	0.058	0.833	1.039	1.273	0.857	0.482	1.856	0.495	0.689	0.751
I09	0.147	0.111	0.303	0.651	0.484	0.633	0.329	0.255	0.313	0.419	0.641	0.455
I10	0.116	0.127	0.187	1.336	2.263	4.282	0.865	0.419	0.819	0.705	0.899	1.107
I11	0.061	0.047	0.039	0.677	0.872	0.315	0.395	0.437	0.900	0.367	0.606	0.259
I12	0.174	0.173	0.265	0.529	0.801	0.820	0.119	0.150	0.201	0.237	0.404	0.389
I13	0.198	0.198	0.217	1.131	1.466	1.487	0.964	0.963	2.230	0.808	1.451	1.123
I14	0.171	0.087	0.079	0.361	0.356	1.279	0.244	0.307	1.700	0.294	0.306	0.653
I15	0.119	0.076	0.080	0.802	0.603	2.319	0.459	0.525	0.914	0.492	0.517	0.706
I16	0.135	0.091	0.123	0.978	0.545	0.814	0.434	0.301	0.352	0.540	0.519	0.456
I17	0.143	0.096	0.235	0.687	0.605	0.574	0.192	0.199	0.319	0.328	0.537	0.423
I18	0.234	0.218	0.309	0.408	0.865	1.096	0.135	0.226	0.197	0.242	0.548	0.418
I19	0.198	0.127	0.298	0.870	0.480	0.920	0.109	0.113	0.177	0.255	0.361	0.377
I20	0.108	0.118	0.236	0.934	1.559	1.943	0.572	0.199	0.298	0.540	0.503	0.607
I21	0.104	0.096	0.173	0.851	1.315	1.442	0.731	0.881	1.435	0.542	0.860	0.935
I22	0.092	0.090	0.217	0.864	1.124	2.349	0.777	0.985	1.385	0.528	0.640	1.208
I23	0.132	0.126	0.211	1.227	2.069	1.841	1.167	1.760	2.474	0.754	1.329	1.220
I24	0.144	0.275	0.804	1.020	1.756	1.487	1.665	2.760	0.988	0.783	1.366	1.761
I25	0.082	0.160	0.189	1.411	2.508	5.725	1.296	1.072	3.614	0.666	0.990	1.780
I26	0.091	0.094	0.127	0.829	0.429	0.544	0.284	0.082	0.232	0.383	0.200	0.440

附表 1-10　外商投资企业(外资Ⅰ)要素价格扭曲的变化趋势

行业	工资			资本			能源			整体		
	1998	2003	2009	1998	2003	2009	1998	2003	2009	1998	2003	2009
I01	4.246	4.890	4.086	1.018	6.333	8.621	0.358	0.781	1.190	1.365	4.233	4.074
I02	2.727	2.647	3.266	1.156	4.255	7.391	0.343	0.702	1.150	1.136	3.186	3.541
I03	3.665	2.927	4.029	1.203	2.887	5.620	0.782	0.893	1.530	1.530	3.647	3.898
I04	2.421	2.139	2.260	1.270	4.504	8.232	0.309	0.319	0.468	1.114	1.884	2.127
I05	1.315	1.210	1.364	2.254	7.547	12.454	0.822	1.100	1.576	1.528	2.285	2.468
I06	1.309	1.147	1.190	3.006	10.119	15.346	0.773	1.057	1.411	1.642	2.355	2.228
I07	2.475	2.700	2.846	1.662	5.429	9.636	0.470	0.587	0.777	1.472	2.753	3.062
I08	1.725	1.715	1.307	1.265	5.367	9.165	0.591	0.998	1.414	1.254	2.259	2.292
I09	2.568	2.545	3.328	0.508	1.495	5.260	0.178	0.232	0.450	0.583	1.426	2.213
I10	2.819	2.240	2.152	2.017	6.129	8.794	0.512	0.331	0.856	1.698	2.057	2.742
I11	1.408	1.178	1.076	2.548	9.149	11.384	0.394	0.601	0.955	1.341	2.126	1.885
I12	3.631	4.312	3.624	0.634	2.503	4.613	0.067	0.108	0.184	0.505	0.955	1.236
I13	3.768	3.123	4.557	1.362	5.528	11.800	0.552	0.744	1.686	1.521	3.795	5.187
I14	5.065	4.572	6.101	1.085	1.658	5.139	0.103	0.208	0.350	0.646	0.927	2.174
I15	2.150	2.243	2.545	0.702	3.184	4.734	0.228	0.292	0.366	1.013	1.700	1.812
I16	2.713	2.111	1.960	1.712	4.059	10.141	0.324	0.357	0.528	1.315	2.124	2.184
I17	2.405	2.457	3.031	0.496	2.044	3.862	0.103	0.131	0.238	0.652	1.157	1.397
I18	3.024	5.040	5.623	0.422	2.085	4.439	0.095	0.169	0.178	0.639	1.297	1.268
I19	3.042	4.447	4.684	0.414	2.193	3.767	0.075	0.085	0.148	0.512	0.777	1.067
I20	2.500	2.435	2.018	1.395	4.682	5.755	0.333	0.239	0.419	1.480	1.677	1.846
I21	2.216	2.864	2.570	0.819	4.635	7.304	0.413	0.652	1.186	1.443	2.650	3.179
I22	2.223	2.215	2.383	0.972	3.728	6.060	0.445	0.669	1.307	1.085	2.529	3.014
I23	3.170	4.439	5.392	0.687	4.017	9.301	0.505	0.865	1.715	1.677	4.169	5.250
I24	2.790	6.089	4.534	0.820	12.909	21.156	0.961	2.292	2.710	2.258	5.846	6.543
I25	2.401	2.514	1.880	1.314	14.983	15.133	0.648	1.136	1.540	1.423	3.689	3.167
I26	2.154	1.534	1.940	5.181	4.415	9.656	0.261	0.222	0.370	1.450	0.908	1.827

附表 1-11 外商投资企业(外资Ⅱ)要素价格扭曲的变化趋势

行业	工资			资本			能源			整体		
	1998	2003	2009	1998	2003	2009	1998	2003	2009	1998	2003	2009
I01	3.651	4.192	3.503	0.832	5.171	7.043	0.127	0.423	0.664	0.837	3.058	3.132
I02	2.343	2.271	2.801	0.945	3.476	6.038	0.136	0.376	0.613	0.760	2.356	2.694
I03	3.154	2.515	3.458	0.984	2.360	4.593	0.262	0.376	0.715	1.049	2.591	2.878
I04	2.082	1.834	1.936	1.038	3.678	6.722	0.117	0.180	0.296	0.714	1.378	1.708
I05	1.127	1.036	1.169	1.841	6.162	10.174	0.550	0.837	1.138	1.252	1.916	2.045
I06	1.121	0.983	1.019	2.454	8.264	12.531	0.579	0.760	1.152	1.378	1.978	1.879
I07	2.130	2.317	2.442	1.359	4.435	7.871	0.164	0.280	0.411	0.942	1.886	2.284
I08	1.480	1.470	1.120	1.033	4.384	7.487	0.303	0.630	0.973	0.968	1.849	1.886
I09	2.211	2.186	2.860	0.415	1.221	4.300	0.051	0.087	0.172	0.334	0.836	1.326
I10	2.423	1.920	1.844	1.649	5.004	7.180	0.236	0.190	0.558	1.216	1.479	2.237
I11	1.207	1.009	0.922	2.081	7.472	9.298	0.249	0.412	0.693	1.083	1.743	1.570
I12	3.120	3.698	3.111	0.518	2.043	3.769	0.023	0.045	0.072	0.239	0.534	0.684
I13	3.237	2.676	3.907	1.113	4.512	9.638	0.229	0.418	0.947	1.070	2.828	4.024
I14	4.343	3.924	5.240	0.886	1.354	4.198	0.047	0.083	0.139	0.414	0.533	1.266
I15	1.846	1.923	2.183	0.574	2.600	3.867	0.094	0.148	0.185	0.654	1.145	1.284
I16	2.330	1.810	1.680	1.399	3.316	8.283	0.147	0.204	0.327	0.905	1.602	1.738
I17	2.071	2.109	2.601	0.405	1.669	3.154	0.027	0.053	0.106	0.266	0.634	0.884
I18	2.594	4.317	4.817	0.344	1.700	3.621	0.043	0.074	0.092	0.404	0.848	0.873
I19	2.616	3.813	4.014	0.338	1.790	3.074	0.026	0.038	0.076	0.263	0.442	0.727
I20	2.151	2.089	1.730	1.141	3.824	4.701	0.116	0.122	0.235	0.860	1.099	1.400
I21	1.909	2.460	2.207	0.671	3.789	5.971	0.121	0.278	0.580	0.813	1.696	2.366
I22	1.911	1.900	2.044	0.795	3.045	4.952	0.170	0.354	0.737	0.754	1.833	2.367
I23	2.727	3.810	4.627	0.562	3.283	7.603	0.165	0.384	0.860	1.016	2.894	3.894
I24	2.398	5.220	3.885	0.671	10.550	17.288	0.406	1.413	1.825	1.624	4.687	5.373
I25	3.087	2.155	1.610	1.225	12.237	12.357	2.882	0.766	1.089	1.761	2.943	2.626
I26	1.848	1.312	1.660	4.231	3.599	7.877	0.135	0.189	0.280	1.029	0.763	1.609

附表 1-12　全部企业要素整体边际收益及价格扭曲

行业	要素整体边际收益			要素整体价格扭曲		
	1998	2003	2009	1998	2003	2009
I01	0.697	1.462	1.642	1.294	3.114	3.949
I02	0.639	1.155	1.619	1.170	2.454	3.837
I03	0.669	0.893	1.552	2.032	2.653	4.410
I04	0.600	0.980	1.518	1.209	1.657	2.417
I05	1.129	1.649	2.271	1.646	2.108	2.689
I06	1.141	1.902	2.367	1.656	2.184	2.588
I07	0.629	1.161	2.165	1.123	2.317	3.546
I08	0.825	1.166	1.629	1.163	2.220	2.849
I09	0.431	0.622	0.879	0.809	1.265	2.332
I10	0.582	0.875	1.345	1.386	1.642	3.038
I11	1.070	1.618	1.852	1.312	1.805	2.129
I12	0.441	0.777	0.942	0.443	0.776	1.253
I13	0.881	1.316	1.955	1.749	2.988	5.617
I14	0.407	0.740	1.096	0.666	1.286	2.344
I15	0.603	1.013	1.188	0.936	1.540	1.971
I16	0.737	1.116	1.638	1.286	1.765	2.460
I17	0.433	0.775	1.131	0.564	0.856	1.544
I18	0.338	0.726	0.781	0.471	1.070	1.260
I19	0.458	0.839	0.893	0.404	0.651	1.073
I20	0.813	1.489	1.688	1.134	1.382	2.099
I21	0.606	1.284	1.714	0.958	2.177	3.431
I22	0.599	1.037	1.736	1.043	2.197	3.573
I23	0.583	1.296	1.630	1.087	2.620	4.353
I24	1.040	2.773	3.395	1.749	6.528	6.443
I25	0.737	1.550	2.098	1.260	2.798	3.364
I26	1.117	2.001	2.022	1.370	1.154	1.921

附表 1-13　国有企业(国有Ⅰ)要素整体边际收益及价格扭曲

行业	要素整体边际收益			要素整体价格扭曲程度		
	1998	2003	2009	1998	2003	2009
I01	0.396	0.559	1.053	1.164	2.357	2.204
I02	0.387	0.599	1.222	1.077	2.133	2.519
I03	0.588	0.505	1.419	1.914	2.645	3.143
I04	0.350	0.368	0.698	0.948	1.277	1.375
I05	0.457	0.588	1.043	1.190	1.106	1.658
I06	0.329	0.343	0.352	0.958	1.149	0.565
I07	0.224	0.211	0.867	1.176	1.569	1.682
I08	0.265	0.247	0.766	0.911	1.337	1.318
I09	0.261	0.163	0.399	0.722	1.217	1.062
I10	0.406	0.443	0.809	1.299	1.731	2.382
I11	0.323	0.245	0.578	0.719	1.263	0.478
I12	0.258	0.324	0.468	0.420	0.766	0.839
I13	0.528	0.480	0.823	1.482	2.557	2.129
I14	0.197	0.144	1.136	0.455	0.602	0.938
I15	0.375	0.377	0.861	0.817	0.841	1.044
I16	0.273	0.208	0.674	1.019	1.181	0.993
I17	0.290	0.241	0.649	0.555	0.977	0.790
I18	0.278	0.446	0.506	0.511	1.115	0.963
I19	0.312	0.242	0.570	0.527	0.703	0.801
I20	0.381	0.434	0.939	0.958	1.311	1.545
I21	0.335	0.467	0.943	0.999	1.602	1.802
I22	0.321	0.466	1.132	0.987	1.218	2.415
I23	0.425	0.569	1.044	1.315	2.374	2.319
I24	0.529	0.962	1.489	1.453	2.577	5.273
I25	0.401	0.802	1.458	1.203	1.994	3.562
I26	0.331	0.282	0.727	0.791	0.700	1.157

附表 1-14 国有企业(国有Ⅱ)要素整体边际收益及价格扭曲

行业	要素整体边际收益			要素整体价格扭曲程度		
	1998	2003	2009	1998	2003	2009
I01	0.208	0.376	0.556	0.646	0.805	1.190
I02	0.204	0.395	0.650	0.662	1.005	1.341
I03	0.308	0.337	0.749	1.097	0.967	1.708
I04	0.184	0.260	0.370	0.526	0.484	0.729
I05	0.243	0.299	0.557	0.630	0.608	0.865
I06	0.176	0.257	0.192	0.465	0.324	0.264
I07	0.119	0.199	0.463	0.599	0.367	0.929
I08	0.142	0.182	0.417	0.495	0.470	0.751
I09	0.138	0.173	0.213	0.419	0.317	0.455
I10	0.213	0.348	0.427	0.705	0.639	1.107
I11	0.174	0.251	0.314	0.367	0.374	0.259
I12	0.136	0.189	0.246	0.237	0.306	0.389
I13	0.278	0.473	0.432	0.808	0.901	1.123
I14	0.103	0.128	0.596	0.294	0.278	0.653
I15	0.199	0.254	0.458	0.492	0.400	0.706
I16	0.144	0.162	0.364	0.540	0.343	0.456
I17	0.153	0.234	0.345	0.328	0.298	0.423
I18	0.147	0.276	0.266	0.242	0.408	0.418
I19	0.165	0.317	0.300	0.255	0.218	0.377
I20	0.201	0.304	0.502	0.540	0.394	0.607
I21	0.175	0.314	0.495	0.542	0.638	0.935
I22	0.168	0.222	0.596	0.528	0.603	1.208
I23	0.220	0.424	0.541	0.754	0.949	1.220
I24	0.275	0.448	0.790	0.783	1.391	1.761
I25	0.210	0.317	0.764	0.666	1.028	1.780
I26	0.177	0.337	0.392	0.383	0.190	0.440

附表 1-15　外商投资企业(外资Ⅰ)要素整体边际收益及价格扭曲

行业	要素整体边际收益			要素整体价格扭曲程度		
	1998	2003	2009	1998	2003	2009
I01	0.712	1.284	1.566	1.365	3.376	4.074
I02	0.583	1.009	1.531	1.136	2.390	3.541
I03	0.534	0.647	1.364	1.530	2.350	3.898
I04	0.593	0.869	1.305	1.114	1.571	2.127
I05	1.177	1.687	2.186	1.528	2.007	2.468
I06	1.300	1.553	2.250	1.642	1.987	2.228
I07	0.482	0.868	1.502	1.472	2.397	3.062
I08	0.805	1.210	1.323	1.254	2.315	2.292
I09	0.317	0.354	0.606	0.583	1.058	2.213
I10	0.625	0.800	1.320	1.698	1.741	2.742
I11	1.114	1.343	1.668	1.341	1.743	1.885
I12	0.607	0.902	0.922	0.505	0.774	1.236
I13	1.084	1.095	2.202	1.521	2.787	5.187
I14	0.491	0.458	0.870	0.646	1.127	2.174
I15	0.552	0.667	0.905	1.013	1.436	1.812
I16	0.661	0.780	1.324	1.315	1.635	2.184
I17	0.302	0.534	0.789	0.652	0.824	1.397
I18	0.358	0.617	0.784	0.639	1.057	1.268
I19	0.392	0.664	0.824	0.512	0.643	1.067
I20	0.642	1.264	1.259	1.480	1.392	1.846
I21	0.578	1.276	1.391	1.443	2.437	3.179
I22	0.819	1.236	1.523	1.085	2.119	3.014
I23	0.656	1.224	1.880	1.677	2.969	5.250
I24	0.820	2.460	3.467	2.258	6.594	6.543
I25	1.000	1.894	2.229	1.423	3.497	3.167
I26	1.348	1.543	1.876	1.450	1.170	1.827

附表 1-16 外商投资企业(外资Ⅱ)要素整体边际收益及价格扭曲

行业	要素整体边际收益			要素整体价格扭曲程度		
	1998	2003	2009	1998	2003	2009
I01	0.581	1.047	1.277	0.837	2.524	3.132
I02	0.476	0.823	1.249	0.760	1.812	2.694
I03	0.437	0.529	1.114	1.049	1.670	2.878
I04	0.484	0.708	1.063	0.714	1.182	1.708
I05	0.960	1.375	1.784	1.252	1.682	2.045
I06	1.060	1.267	1.835	1.378	1.650	1.879
I07	0.394	0.708	1.225	0.942	1.697	2.284
I08	0.658	0.988	1.080	0.968	1.872	1.886
I09	0.259	0.289	0.495	0.334	0.639	1.326
I10	0.511	0.653	1.076	1.216	1.327	2.237
I11	0.909	1.096	1.361	1.083	1.442	1.570
I12	0.495	0.734	0.751	0.239	0.443	0.684
I13	0.885	0.892	1.796	1.070	2.143	4.024
I14	0.400	0.373	0.709	0.414	0.681	1.266
I15	0.450	0.544	0.738	0.654	1.023	1.284
I16	0.540	0.636	1.079	0.905	1.247	1.738
I17	0.247	0.435	0.643	0.266	0.476	0.884
I18	0.292	0.502	0.637	0.404	0.654	0.873
I19	0.320	0.541	0.670	0.263	0.390	0.727
I20	0.525	1.031	1.027	0.860	0.968	1.400
I21	0.473	1.042	1.136	0.813	1.645	2.366
I22	0.670	1.008	1.243	0.754	1.606	2.367
I23	0.536	0.999	1.535	1.016	2.069	3.894
I24	0.671	2.007	2.828	1.624	5.276	5.373
I25	0.942	1.546	1.818	1.761	2.883	2.626
I26	1.100	1.255	1.527	1.029	1.098	1.609

2. 高技术产业中外商投资企业的销售额和出口额

附表 2-1　高技术产业外商投资企业销售额和出口额占比的变化

单位:亿美元、%

年度	销售额			出口额		
	全部企业	外商投资企业	占比	全部企业	外商投资企业	占比
1995	3 917	1 728	44.12	1 125	830	73.78
1998	6 580	3 371	51.23	2 042	1 668	81.68
1999	7 820	4 431	56.66	2 413	2 024	83.88
2000	10 034	6 007	59.87	3 388	2 882	85.06
2001	12 015	7 375	61.38	4 282	3 700	86.41
2002	14 614	9 043	61.88	6 020	5 230	86.88
2003	20 412	13 734	67.28	9 098	8 103	89.06
2004	27 846	20 611	74.02	14 831	13 827	93.23
2005	33 922	24 790	73.08	17 636	16 145	91.55
2006	41 585	30 116	72.42	23 476	20 943	89.21
2007	49 714	36 281	72.98	28 423	25 893	91.10
2008	55 729	39 255	70.44	31 504	28 324	89.91
2009	59 567	39 141	65.71	29 500	26 253	88.99
2010	74 483	48 216	64.73	37 002	32 799	88.64
2011	87 527	54 976	62.81	40 600	36 018	88.71
2012	102 284	60 929	59.57	46 701	41 339	88.52
2013	116 048	65 929	56.81	49 285	43 145	87.54
2014	127 367	68 029	53.41	50 765	42 556	83.83
2015	139 968	68 641	49.04	50 923	41 118	80.75
2016	153 796	69 325	45.08	52 444	40 320	76.88

注:高技术产业包括医药制造业、航空航天及设备制造业、电子及通信设备制造业、电子计算机及办公设备制造业、医疗设备及仪器仪表制造业五大类。外商投资企业包括中国港、澳、台地区投资企业。1995—2010 年数据的统计口径为全部国有及年主营业务收入 500 万元及以上的非国有法人工业企业,2011—2013 年数据的统计口径为年主营业务收入 2 000 万元及以上的法人工业企业。

数据来源:历年《高技术产业统计年鉴》。

3. 中国工业分行业全要素生产率的测算

借鉴李小平、朱钟棣(2005)的方法，通过估计三要素 C-D 生产函数来测算行业的全要素生产率。

三要素 C-D 生产函数的对数形式为：

$$\ln Y_{it} = a_{i0} + a_t \ln t + a_k \ln K_{it} + a_l \ln L_{it} + a_e \ln E_{it} \qquad \text{(a3-1)}$$

其中，Y 表示工业产值，由于统计口径的变化，1995—2011 年的指标用工业总产值表示，2012—2015 年的指标用主营业务收入表示，为了控制价格波动的影响，用分行业工业品出厂价格指数将工业产值平减为以 1995 年价格表示的数值。K 表示固定资本，用固定资产净值表示，并用固定资产投资价格指数平减为以 1995 年价格表示的数值。L 用分行业职工人手表示。E 表示环境要素，用能源消耗衡量；$\ln t$ 表示技术水平，a_{i0} 表示每个行业特有的其他影响因素。数据来自历年《中国统计年鉴》《中国工业经济统计年鉴》。

由于每个行业仅有 21 个时间序列样本，因此，将 30 个行业根据行业性质，分为 9 个类别(具体分类如附表 3-1 所示)，并就每个分类构建面板数据样本，对生产函数进行估计，生产函数(a3-1)的估计结果如附表 3-1 所示。

根据附表 3-1 估计结果，可知 a_k、a_l 和 a_e 的值，对其标准化可得：

$$\begin{aligned} a_k^* &= a_k/(a_k + a_l + a_e) \\ a_l^* &= a_l/(a_k + a_l + a_e) \\ a_e^* &= a_e/(a_k + a_l + a_e) \end{aligned} \qquad \text{(a3-2)}$$

则全要素生产率的增长率为：

$$TEF = g_y - a_k^* g_k - a_l^* g_l - a_e^* g_e \qquad \text{(a3-3)}$$

其中，g_y、g_k、g_l 和 g_e 分别表示工业产值、固定资本、劳动和能源消费的增长率。根据(a3-3)计算的工业分行业全要素生产率的增长率如附表 3-3 所示。

附表 3-1 全要素生产率估计的行业分类

分类	行业编码	行业
(S1)采矿业	A1	煤炭开采和洗选业
	A2	石油和天然气开采业
	A3	黑色金属矿采选业
	A4	有色金属矿采选业
	A5	非金属矿采选业
(S2)食品业	A6	食品加工制造业
	A7	饮料制造业
(S3)纺织服装业	A8	纺织业
	A9	纺织服装、鞋、帽制造业
	A10	皮革、毛皮、羽毛及其制品业
(S4)非金属制品业	A11	木材加工及木、竹、藤、棕、草制品业
	A12	家具制造业
	A21	非金属矿物制品业
(S5)造纸印刷业	A13	造纸及纸制品业
	A14	印刷业和记录媒介的复制
	A15	文教体育用品制造业
(S6)化工业	A16	石油加工、炼焦及核燃料加工业
	A17	化学原料及化学制品制造业
	A18	医药制造业
	A19	化学纤维制造业
	A20	橡胶塑料
(S7)金属冶炼及制品业	A22	黑色金属冶炼及压延加工业
	A23	有色金属冶炼及压延加工业
	A24	金属制品业
(S8)设备制造业	A25	通用设备制造业
	A26	专用设备制造业
	A27	交通运输设备制造业
(S9)电气、电子设备制造业	A28	电气机械及器材制造业
	A29	通信设备、计算机及其他电子设备制造业
	A30	仪器仪表及文化、办公用机械制造业

附表 3-2 中国分行业三要素 C-D 生产函数的分类估计结果

变量	S1	S2	S3	S4	S5	S6	S7	S8	S9
$\ln K$	0.316 9***	0.292 0***	0.682 3***	0.785 5***	0.524 6***	0.792 5***	0.407 9*	−0.192 8*	0.616 7***
$\ln L$	0.343 1***	0.437 9***	0.095 3*	0.201 8***	0.067 5	0.722 1***	−0.000 7	0.282 5*	0.385 5***
$\ln E$	0.883 6***	0.474 5***	0.663 9***	0.523 8***	0.510 6***	−0.135 4	1.063 4***	0.759 1***	0.316 5**
$\ln t$	0.258 2***	0.644 5***	0.043 4***	0.352 3***	0.078 9***	0.416 3***	0.184 0***	0.150 6***	0.528 0**
R^2	0.99	0.98	0.98	0.99	0.96	0.97	0.98	0.98	0.99
行业数	5	3	3	3	3	5	3	3	3

• 注：S2“食品加工制造业”在生产函数估计时包括“食品加工业”“食品制造业”和“饮料制造业”三个行业。但为了与贸易影响模型估计数据的行业分类保持一致，在计算全要素生产率时汇总为“食品加工制造业”和“饮料制造业”两个行业。***、**、* 分别表示在1%、5%、10%的置信区间内显著。

附表 3-3 1996—2015 年中国分行业全要素生产率增长率的变化

行业	1996	2000	2001	2003	2005	2007	2009	2010	2011	2012	2013	2014	2015
A1	0.049	0.097	0.125	−0.019	−0.128	0.159	0.000	0.164	0.097	0.136	−0.039	0.100	0.066
A2	0.044	−0.112	−0.110	0.042	−0.036	0.034	0.073	−0.082	−0.007	−0.064	0.067	−0.069	0.122
A3	0.146	0.185	0.116	−0.014	−0.568	0.200	0.399	0.022	0.011	0.237	−0.002	0.038	0.132
A4	0.079	0.037	0.004	−0.109	−0.040	0.033	0.149	−0.038	0.030	0.101	0.060	0.023	0.125
A5	0.099	0.004	0.034	−0.094	−0.341	0.219	0.187	0.258	0.052	−0.014	0.035	0.038	0.085
A6	0.685	0.228	0.113	−0.025	−0.037	0.118	0.127	0.130	0.119	0.064	−0.078	0.028	0.019
A7	0.169	0.130	0.073	0.015	0.096	0.208	0.116	0.144	0.166	0.087	−0.109	0.058	0.043
A8	−0.006	0.119	0.062	0.005	−0.054	0.117	0.086	0.090	0.015	−0.006	0.033	0.049	0.050
A9	0.063	0.132	0.056	−0.009	−0.079	0.083	0.097	0.072	0.060	0.003	−0.035	0.046	0.013
A10	0.115	0.129	0.111	−0.013	−0.084	0.098	0.090	0.114	0.064	−0.155	−0.053	0.044	0.012
A11	0.234	0.170	0.060	−0.127	−0.374	0.240	0.136	0.130	0.147	0.010	−0.039	−0.001	0.072
A12	−0.109	0.150	0.106	−0.047	−0.322	0.115	0.067	0.093	0.096	−0.034	−0.039	−0.132	0.013
A13	−0.124	0.057	0.068	0.074	−0.148	0.205	0.056	0.165	0.087	0.032	0.034	0.010	0.031
A14	0.045	0.055	0.086	−0.204	−0.164	0.147	0.052	0.098	0.125	0.073	−0.003	0.182	0.067
A15	−0.127	0.072	0.015	0.087	−0.136	0.085	0.034	0.129	−0.032	1.362	−0.161	0.103	0.017
A16	−0.129	0.144	0.013	0.105	−0.103	0.041	−0.155	−0.006	0.046	−0.027	0.067	−0.015	0.088
A17	−0.018	0.138	0.151	−0.011	−0.076	0.147	0.089	0.045	0.129	0.059	0.043	0.040	0.038
A18	0.045	0.194	0.116	−0.067	0.117	0.160	0.071	0.096	0.177	0.056	0.015	−0.021	−0.005
A19	0.084	0.137	0.047	0.084	0.075	0.168	0.120	0.068	0.063	0.066	0.123	−0.006	0.100
A20	0.069	0.142	0.109	−0.391	−0.291	0.111	0.081	0.106	0.101	0.005	0.091	0.023	0.042
A21	−0.039	0.116	0.115	0.016	−0.199	0.228	0.062	0.126	0.076	0.039	0.006	0.136	0.223
A22	−0.032	0.127	0.182	0.189	−0.032	0.089	0.009	0.075	0.099	0.197	−0.005	−0.004	−0.018
A23	−0.006	0.065	0.088	0.103	−0.028	−0.011	0.120	0.001	0.038	0.150	0.064	0.037	−0.117
A24	0.029	0.130	0.008	0.060	−0.159	0.178	0.044	0.037	0.111	0.084	−0.054	0.013	0.088
A25	0.105	0.245	0.136	0.066	−0.135	0.239	0.100	0.231	0.013	0.002	0.170	0.104	0.063
A26	0.275	0.208	0.110	0.102	−0.036	0.263	0.180	0.195	0.214	0.173	0.075	0.090	0.119
A27	0.188	0.226	0.156	0.209	0.162	0.242	0.193	0.104	0.104	0.090	0.141	0.130	0.083
A28	0.002	0.248	0.144	−0.040	−0.060	0.107	0.046	0.053	0.073	−0.019	0.052	0.064	0.029
A29	0.138	0.284	0.113	0.119	0.019	0.034	0.028	−0.001	0.209	0.026	0.042	0.073	0.054
A30	0.118	0.250	0.072	0.190	−0.009	0.111	−0.033	0.072	0.199	−0.129	0.132	0.042	0.002

图书在版编目(CIP)数据

中国贸易模式的特征及转型研究 ：基于环境要素定价的视角 / 唐杰英著 .— 上海 ：上海社会科学院出版社，2021
ISBN 978-7-5520-3590-2

Ⅰ.①中… Ⅱ.①唐… Ⅲ.①对外贸易—研究—中国 Ⅳ.①F752

中国版本图书馆 CIP 数据核字(2021)第 117177 号

中国贸易模式的特征及转型研究:基于环境要素定价的视角

著　　者: 唐杰英
责任编辑: 王　勤
封面设计: 朱忠诚
出版发行: 上海社会科学院出版社
上海顺昌路 622 号　邮编 200025
电话总机 021-63315947　销售热线 021-53063735
http://www.sassp.cn　E-mail: sassp@sassp.cn
照　　排: 南京理工出版信息技术有限公司
印　　刷: 上海龙腾印务有限公司
开　　本: 710 毫米×1010 毫米　1/16
印　　张: 10.5
字　　数: 168 千
版　　次: 2021 年 9 月第 1 版　2021 年 9 月第 1 次印刷

ISBN 978-7-5520-3590-2/F·663　　定价:79.80 元